SIMONE BRAMANTE

DEPENDENTES DA
PREVIDÊNCIA SOCIAL

Freitas Bastos Editora

Copyright © 2023 by Simone Bramante.
Todos os direitos reservados e protegidos pela Lei 9.610, de 19.2.1998.
É proibida a reprodução total ou parcial, por quaisquer meios, bem como a produção de apostilas, sem autorização prévia, por escrito, da Editora.

Direitos exclusivos da edição e distribuição em língua portuguesa:
Maria Augusta Delgado Livraria, Distribuidora e Editora

Editor: *Isaac D. Abulafia*
Diagramação e Capa: *Julianne P. Costa*

Dados Internacionais de Catalogação na Publicação (CIP) de acordo com ISBD

B815d	Bramante, Simone Dependentes da Previdência Social / Simone Bramante. - Rio de Janeiro : Freitas Bastos, 2023. 140 p. ; 15,5cm x 23cm. Inclui bibliografia. ISBN: 978-65-5675-248-8 1. INSS. 2. Pensão. 3. Previdência social. 4. Benefício previdenciário. 5. Segurado do INSS. 6. Direito previdenciário. 7. Pensão por morte. 8. Pensão previdenciária. I. Título.
2023-60	CDD 330.9 CDU 354.85

Elaborado por Odilio Hilario Moreira Junior - CRB-8/9949

Índices para catálogo sistemático:
1. Política econômica 330.9
2. Previdência social 354.85

Freitas Bastos Editora
atendimento@freitasbastos.com
www.freitasbastos.com

DEDICATÓRIA

Com muito carinho dedico este livro aos meus filhos, Nathália e Leonardo, e ao meu neto Isaac, por serem essenciais em minha vida.

AGRADECIMENTOS

Agradeço a Deus por todas as oportunidades e à minha mãe
Ivani Contini Bramante, minha maior incentivadora.

"A prova do nosso progresso não é se aumentamos a abundância dos que têm muito, mas se providencia-mos o suficiente para os que têm muito pouco".
Franklin D. Roosevelt, ex-presidente dos Estados Unidos.

SUMÁRIO

1. ESCORÇO HISTÓRICO 13
   1.1. INGLATERRA 14
   1.2. ALEMANHA 14
   1.3. FRANÇA 15
   1.4. ESTADOS UNIDOS DA AMÉRICA 16
   1.5. CONSTITUCIONALIZAÇÃO DO SEGURO SOCIAL 16
   1.6. NORMAS INTERNACIONAIS 17
      1.6.1. CARTA DO ATLÂNTICO 17
      1.6.2. DECLARAÇÃO DOS DIREITOS HUMANOS 17
      1.6.3. CARTA DA ORGANIZAÇÃO DOS ESTADOS AMERICANOS ... 18
      1.6.4. OIT 19

2. SISTEMA SEGURIDADE SOCIAL 21
   2.1. TRÊS PILARES DA PREVIDÊNCIA SOCIAL 21
      2.1.1. SAÚDE 21
      2.1.2. ASSISTÊNCIA SOCIAL 22
      2.1.3. PREVIDÊNCIA SOCIAL 22
   2.2. E COMO FUNCIONA O ORÇAMENTO DO SISTEMA DE SEGURIDADE? ... 23
   2.3. CURIOSIDADES DA SEGURIDADE SOCIAL AO LONGO DO TEMPO ... 25
   2.4. SEGURIDADE SOCIAL E PREVIDÊNCIA SOCIAL 27

3. RELAÇÃO DE PREVIDÊNCIA SOCIAL 29
   3.1. NATUREZA JURÍDICA 29
   3.2. ESPÉCIES DE RELAÇÃO JURÍDICA 30
   3.3. VALIDADE DA RELAÇÃO JURÍDICA 32

4. PRINCÍPIOS DA SEGURIDADE E PREVIDÊNCIA SOCIAL 35
   4.1. PRINCÍPIOS GERAIS 35

5. DEPENDENTES 45

6. PROTEÇÃO DOS DEPENDENTES 48

7. CLASSES DE DEPENDENTES 49
7.1. MAIORIDADE CIVIL E DEPENDÊNCIA ECONÔMICA 49
7.2. DEPENDENTE MAIOR DE IDADE INVÁLIDO 51
7.3. ESTUDANTE UNIVERSITÁRIO COM MAIS DE 21 ANOS 54
7.4. NASCITUROS 54
7.5. PESSOA DESIGNADA 56

8. CASAMENTO, UNIÃO ESTÁVEL E FILIAÇÃO 57
8.1. DEPENDENTES POR EQUIPARAÇÃO. FILHO ADOTIVO, ENTEADO E MENOR SOB GUARDA. 57
   8.1.1. FILHO ADOTIVO 57
   8.1.2. ENTEADOS E MENORES SOB GUARDA 58
8.2. CÔNJUGES E COMPANHEIROS 60
   8.2.1. UNIÃO HOMOAFETIVA 62
   8.2.2. DA UNIÃO ESTÁVEL E SEUS REQUISITOS 70
      8.2.2.1. CÔNJUGE SEPARADO DE FATO OU JUDICIALMENTE 80
      8.2.2.2. RELAÇÃO MONOGÂMICA, UNIÕES PARALELAS E RELAÇÕES POLIAFETIVAS 84
      8.2.2.3. PLURIPARENTALIDADE 92
8.3. DA PROVA DA UNIÃO ESTÁVEL PERANTE A PREVIDÊNCIA SOCIAL 98

9. GENITORES 99

10. IRMÃOS 103

11. ORDEM DE DIREITO AO RECEBIMENTO DE BENEFÍCIOS 105

12. EXCLUSÃO DA CONDIÇÃO DE DEPENDENTE 106

13. DAS INSCRIÇÕES DOS DEPENDENTES 108
13.1. DOCUMENTOS PARA INSCRIÇÃO DOS DEPENDENTES 109
13.2. COMPROVAÇÃO DA DEPENDÊNCIA ECONÔMICA 111
13.3. COMPROVAÇÃO DE INVALIDEZ 113
13.4. DEPENDENTE MENOR DE IDADE 113
13.5. PAIS E IRMÃOS 114
13.6. JUSTIFICAÇÃO ADMINISTRATIVA 114

14. PERDA DA QUALIDADE DE DEPENDENTES 117

15. ESPÉCIES DE PRESTAÇÕES 118

16. QUALIDADE DE SEGURADO 118

16.1. PERÍODO DE GRAÇA 120
16.2. MANUTENÇÃO DA QUALIDADE DE SEGURADO 120
16.3. EXTENSÃO DA QUALIDADE DE SEGURADO 122
16.4. PERDA DA QUALIDADE DE SEGURADO 124
16.5. RECUPERAÇÃO DA QUALIDADE DE SEGURADO 125

17. CERTIDÃO DE DEPENDENTES DO INSS 127

17.1. O QUE É CERTIDÃO DE DEPENDENTE DO INSS? 127
17.2. PARA QUE SERVE A CERTIDÃO DE DEPENDENTE DO INSS? 128
17.3. QUEM PODE SOLICITAR A CERTIDÃO DE DEPENDENTE? 128
17.4 QUAIS BENEFÍCIOS E SERVIÇOS PREVIDENCIÁRIOS OS DEPENDENTES TÊM DIREITO? 128
17.4.1. PENSÃO POR MORTE 129
17.4.2. AUXÍLIO-RECLUSÃO 129
17.4.3. SERVIÇO SOCIAL 130
17.4.4. REABILITAÇÃO PROFISSIONAL 130
17.5. EXISTE A POSSIBILIDADE DE TROCAR UM DEPENDENTE PARA O OUTRO? 131

18. ACÚMULO DE BENEFÍCIOS PREVIDENCIÁRIOS 132

19. TEMAS RELEVANTES 135

20. CONCLUSÃO 137

21. BIBLIOGRAFIA 139

1. ESCORÇO HISTÓRICO

A seguridade social, nos termos do artigo 194, da Constituição Federal, "compreende um conjunto integrado de ações de iniciativa dos Poderes Públicos e da sociedade, destinadas a assegurar os direitos relativos à saúde, à previdência e à assistência social".

A primeira menção à seguridade social pode ser atribuída ao Antigo Testamento que, em Deuteronômio, 26:12 e 13, dispõe:

> "Quando acabares de separar todos os dízimos da tua colheita no ano terceiro, que é o ano dos dízimos, então os darás ao levita, ao estrangeiro, ao órfão e à viúva, para que comam dentro das tuas portas, e se fartem;
>
> E dirás perante o Senhor teu Deus: Tirei da minha casa as coisas consagradas e as dei também ao levita, e ao estrangeiro, e ao órfão e à viúva, conforme a todos os teus mandamentos que me tens ordenado; não transgredi os teus mandamentos, nem deles me esqueci".

Em Roma, a família, pelo *pater familias,* tinha a obrigação de prestar a seus servos e clientes, assistência, em forma de associação, mediante contribuição de seus membros, para ajudar aos mais necessitados.

O exército romano guardava 2/7 do salário do soldado. Quando ele se aposentava, recebia as economias, com um pedaço de terra.

A primeira proteção contra infortúnio, data de 1344, quando ocorreu a celebração do primeiro contrato marítimo, surgindo posteriormente a cobertura contra incêndios.

As confrarias eram associações com fins religiosos, que envolviam sociedade de pessoas de mesma categoria ou profissão, também sendo chamadas de guildas. Seus associados pagavam taxas anuais que seriam utilizadas em caso de velhice, doença ou pobreza.

1.1. INGLATERRA

Em 1601, na Inglaterra, foi editada a Lei dos Pobres (*Poor Relief Act),* editada pela Rainha Isabel e considerada a primeira lei sobre assistência social. O indigente tinha o direito de ser auxiliado pela Paróquia. A norma foi criada para auxiliar as crianças, pobres, proporcionar trabalho aos desempregados e amparar idosos e inválidos.

Ainda na Inglaterra, em 1897, entrou em vigor o *Workmen's Compensation Act,* que instituiu o seguro obrigatório contra acidentes do trabalho, tendo sido imposta ao empregador responsabilidade objetiva de indenizar o trabalhador. Em 1908, o *Old Age Pension Act* concedeu pensões aos maiores de 70 anos, independentemente de contribuição e em 1911 o *National Insurance Act* determinou a aplicação de um sistema compulsório de contribuições sociais, que ficavam a cargo do empregador, do empregado e do Estado.

Em 1941, por meio do Plano Beveridge. Lord Beveridge dizia que a segurança social deveria ser prestada "do berço ao túmulo" (*Social security from the cradle to the grave*) e tinha por objetivos:

a) Unificar os seguros sociais existentes;

b) Estabelecer o princípio da universalidade, para que a proteção se estendesse a todos os cidadãos, não apenas aos trabalhadores;

c) Igualdade de proteção;

d) Tríplice forma de custeio, porém com predominância do custeio estatal.

Inspirado no relatório Beveridge, o governo inglês apresentou em 1944 um plano de previdência social, que deu ensejo à reforma do sistema inglês de proteção social, que foi implantado em 1946.

1.2. ALEMANHA

Na Alemanha, em 15 de junho de 1883, sob comando de Otto Von Bismarck, entrou em vigor a Lei do seguro-doença, custeado por contribuições dos empregados, empregadores e Estado e em 1884 a Lei do acidente do trabalho que organizou o seguro contra acidentes do trabalho.

Ainda na Alemanha, em 1889, foi editada a Lei do seguro invalidez e velhice, custeado pelos trabalhadores, empregadores e pelo Estado.

1.3. FRANÇA

Na França, em 09 de abril de 1898, foi promulgada lei de assistência à velhice e aos acidentes de trabalho.

O artigo 1º, da norma prevê que:

> "Art. 1er: *Les accidents survenus par le fait du travail, ou à l'occasion du travail, aux ouvriers et employés occupés dans l'industrie du bâtiment, les usines, manufactures, chantiers, les entreprises de transport par terre et par eau, de chargement et de déchargement, les magasins publics, mines, minières, carrières, et, en outre, dans toute exploitation ou partie d'exploitation dans laquelle sont fabriquées ou mises en œuvre des matières explosives, ou dans laquelle il est fait usage d'une machine mue par une force autre que celle de l'homme ou des animaux, donnent droit, au profit de la victime ou de ses représentants, à une indemnité à la charge du chef d'entreprise, à la condition que l'interruption de travail ait duré plus de quatre jours.*
>
> *Les ouvriers qui travaillent seuls d'ordinaire ne pourront être assujettis à la présence loi par le fait de la collaboration accidentelle d'un ou de plusieurs de leurs camarades.*"[1]

---

1   "Art. 1º: Acidentes ocorridos em consequência do trabalho, ou no decurso do trabalho, a trabalhadores e empregados na indústria da construção, fábricas, fábricas, estaleiros de obras, empresas de transportes terrestres e aquaviários, cargas e descargas, armazéns públicos, minas, pedreiras e, além disso, em qualquer operação ou parte de uma operação em que sejam fabricados ou utilizados materiais explosivos, ou em que se utilize uma máquina acionada por uma força diferente da humana ou animal, dá-se o direito, em benefício da vítima ou dos seus representantes, à indemnização devida pelo administrador da empresa, desde que a interrupção do trabalho tenha durado mais de quatro dias.

1.4. ESTADOS UNIDOS DA AMÉRICA

Em 1935, por meio do *Social Security Act*, instituído o *New Deal*, com a doutrina do *Welfare State*, como forma de resolver a crise de 1929. Preconizava a luta contra a miséria, visando combater as perturbações da vida humana, especialmente o desemprego e a velhice. O *Social Security Act* instituiu também o seguro-desemprego para os trabalhadores que ficassem temporariamente desempregados.

1.5. CONSTITUCIONALIZAÇÃO DO SEGURO SOCIAL

A primeira Constituição a incluir o seguro social como direito positivado na lei máxima foi a mexicana de 1917, seguida pela Constituição da União Soviética de 1918 e pela Constituição de Weimar de 1919, que determinou incumbir ao Estado prover a subsistência do cidadão alemão, caso não possa proporcionar-lhe a oportunidade de ganhar a vida com um trabalho produtivo, nos termos de seu artigo 163:

> "Art. 163. *Jeder Deutsche hat unbeschadet seiner persönlichen Freiheit die sittliche Pflicht, seine geistigen und körperlichen Kräfte so zu betätigen, wie es das Wohl der Gesamtheit erfordert.*
>
> *Jedem Deutschen soll die Möglichkeit gegeben werden, durch wirtschaftliche Arbeit seinen Unterhalt zu erwerben. Soweit ihm angemessene Arbeitsgelegenheit nicht nachgewiesen werden kann, wird für seinen notwendigen Unterhalt gesorgt. Das Nähere wird durch besondere Reichsgesetze bestimmt.*"[2]

Os trabalhadores que costumam trabalhar sozinhos não podem estar sujeitos à presença da lei pelo fato da colaboração acidental de um ou mais de seus companheiros". (trad. nossa)

2   "Art. 163. Sem prejuízo de sua liberdade pessoal, todo alemão tem o dever moral de exercitar suas capacidades mentais e físicas da maneira que for necessária para o bem da comunidade.

Todo alemão deve ter a oportunidade de auferir sua subsistência por meio do trabalho. Se as oportunidades de trabalho adequadas não puderem ser comprovadas, sua manutenção será providenciada. O matéria será regulamentada por leis imperiais especiais". (trad. nossa)

1.6. NORMAS INTERNACIONAIS

1.6.1. CARTA DO ATLÂNTICO

A Carta do Atlântico consiste no primeiro documento que precedeu a Organização das Nações Unidas.

Sua elaboração decorreu do encontro entre o Presidente dos EUA, Franklin Delano Roosevelt e o Primeiro Ministro britânico, Winston Churchill, tendo sido aprovada em 14 de agosto de 1941, durante a Segunda Guerra Mundial, tendo o Brasil a ela aderido em 06 de fevereiro de 1943.

Prevê o artigo 5°, da Carta do Atlântico que:

> "Declaração conjunta do Presidente dos Estados Unidos da América, Sr. Roosevelt, e Primeiro Ministro, Senhor Churchill, representando o Governo de Sua Majestade do Reino Unido, os quais tendo se reunido, julgaram conveniente tornar conhecidos certos princípios comuns da política nacional dos seus respectivos países, nos quais se baseiam as suas esperanças de conseguir um porvir mais auspicioso para o mundo.
>
> (...)
>
> Desejam promover, no campo da economia, a mais ampla colaboração entre todas as nações, com o fim de conseguir, para todos, melhores condições de trabalho, prosperidade econômica e segurança social."

1.6.2. DECLARAÇÃO DOS DIREITOS HUMANOS

A Declaração dos Direitos Humanos, proclamada pela Assembleia Geral das Nações Unidas, em Paris, em 10 de dezembro de 1948, prevê em seu artigo 25.1:

> "Artigo 25. 1. Todo ser humano tem direito a um padrão de vida capaz de assegurar a si e a sua família saúde e bem estar, inclusive alimentação, vestuário, habitação, cuidados médicos e os serviços sociais indispensáveis, e direito à segurança em caso de desemprego, doença, invalidez, viuvez, velhice ou outros casos de perda

dos meios de subsistência fora de seu controle. 2. A maternidade e a infância têm direito a cuidados e assistência especiais. Todas as crianças nascidas dentro ou fora do matrimônio, gozarão da mesma proteção social".

1.6.3. CARTA DA ORGANIZAÇÃO DOS ESTADOS AMERICANOS

A Carta da Organização dos Estados Americanos determina em seu artigo 45, "b", "f" e "h":

"Artigo 45

Os Estados membros, convencidos de que o Homem somente pode alcançar a plena realização de suas aspirações dentro de uma ordem social justa, acompanhada de desenvolvimento econômico e de verdadeira paz, convêm em envidar os seus maiores esforços na aplicação dos seguintes princípios e mecanismos:

(...)

b) O trabalho é um direito e um dever social; confere dignidade a quem o realiza e deve ser exercido em condições que, compreendendo um regime de salários justos, assegurem a vida, a saúde e um nível econômico digno ao trabalhador e sua família, tanto durante os anos de atividade como na velhice, ou quando qualquer circunstancia o prive da possibilidade de trabalhar;

(...)

f) A incorporação e crescente participação dos setores marginais da população, tanto das zonas rurais como dos centros urbanos, na vida econômica, social, cívica, cultural e politica da nação, a fim de conseguir a plena integração da comunidade nacional, o aceleramento do processo de mobilidade social e a consolidação do regime democrático. O estímulo a todo esforço de promoção e cooperação populares que tenha por fim o desenvolvimento e o progresso da comunidade;

(...)

h) Desenvolvimento de uma política eficiente de previdência social".

1.6.4. OIT

A OIT possui diversas convenções que tratam da previdência social.

a) Convenção 3. Aprovada pelo Decreto 423 de 12 de novembro de 1935. Dispõe sobre a Proteção à Maternidade;

b) Convenção 12. Aprovada pelo Decreto Legislativo 24, de 29 de maio de 1956. Dispõe sobre a indenização por acidente do trabalho na agricultura;

c) Convenção 19. Aprovada pelo Decreto Legislativo 24, de 29 de maio de 1956. Trata da indenização por acidente de trabalho;

d) Convenção 42. Aprovada pelo Decreto Legislativo 9, de 22 de dezembro de 1935. Dispõe sobre Indenização por Enfermidade Profissional;

e) Convenção 103. Aprovada pelo Decreto Legislativo nº 20, de 30 de abril de 1965. Dispõe sobre o Amparo à Maternidade e prevê em seu artigo IV, 6 e 7:

> "6. Quando as prestações em espécie fornecidas nos moldes de um sistema de seguro social obrigatório são estipuladas com base nos proventos anteriores, elas não poderão ser inferiores a dois terços dos proventos anteriores tomados em consideração.
>
> 7. Toda contribuição devida nos moldes de um sistema de seguro social obrigatório que prevê a assistência à maternidade, e toda taxa calculada na base dos salários pagos, que seria cobrada tendo em vista fornecer tais prestações, devem ser pagas de acordo com o número de homens e mulheres empregados nas empresas em apreço, sem distinção de sexo, sejam pagas pelos empregadores ou, conjuntamente, pelos empregadores e empregados."

a) Convenção 118. Aprovada pelo Decreto Legislativo 31, de 20 de agosto de 1968. Dispõe sobre a igualdade de tratamento entre nacionais e estrangeiros em previdência social;

b) Convenção 134. Aprovada pelo Decreto Legislativo 43, de 10 de abril de 1995. Dispõe sobre a prevenção de acidentes do trabalho dos marítimos;

c) Convenção 159. Aprovada pelo Decreto Legislativo 51, de 25 de agosto de 1989. Dispõe sobre a reabilitação profissional e emprego de pessoas deficientes;

d) Convenção 161. Aprovada pelo Decreto Legislativo 51, de 25 de agosto de 1989. Dispõe sobre serviços de saúde do trabalho;

e) Convenção 164. Aprovada pelo Decreto Legislativo 74, de 16 de agosto de 1996. Dispõe sobre a proteção à saúde e assistência médica aos trabalhadores marítimos;

f) Convenção 168. Aprovada pelo Decreto Legislativo 89, de 10 de dezembro de 1992. Dispõe sobre a promoção do emprego e proteção contra o desemprego.

2. SISTEMA SEGURIDADE SOCIAL

Seguridade Social? O que é isto?

A seguridade social compreende um conjunto integrado de iniciativas do Poder Público e da sociedade voltadas para a garantia do direito à saúde, à previdência e à assistência social.

É um conceito estruturante de políticas sociais, cuja principal característica é promover a garantia universal da prestação de benefícios e serviços de proteção social pelo Estado.

Mas por que esse sistema apareceu? Pois bem, basicamente nasceu da necessidade de se estabelecer proteção contra os diversos riscos para o ser humano.

2.1. TRÊS PILARES DA PREVIDÊNCIA SOCIAL

A previdência social, prevista no texto da constituição Federal de 1988, há muito é reivindicada pelos movimentos laborais e sociais. Tem como pilares a saúde, a assistência social e as pensões.

2.1.1. SAÚDE

"Saúde é direito de todos e dever do Estado.". Isso está previsto no artigo 196 da constituição.

É organizado com base nos princípios da integridade (cobertura de tudo) e da universalidade (incluindo todos os povos do Pau-Brasil). Esses são os princípios básicos para a compreensão das necessidades de gastos e financiamento do Sistema Integrado de Saúde (SIS).

A universalidade de cobertura e atendimento é um dos objetivos da saúde pois é dever do Estado garantir o acesso a ela para todos os cidadãos e estrangeiros, devendo constar em sua decisão ampla cobertura, desde atendimento em centro de saúde até políticas de saúde.

2.1.2. ASSISTÊNCIA SOCIAL

A assistência social é uma política pública, entendida como área de intervenção do Estado, administrada pelo Conselho de Assistência Social, instituído pela constituição Federal de 1988, em seu art. 203, a assistência social é regida pela lei nº 8.742/93 LOAS (lei Orgânica da assistência Social) e é conceituada como direito e dever do cidadão do Estado que provê os mínimos sociais (necessidades básicas).

Ela é a política social que provê o atendimento das necessidades básicas, traduzidas em proteção à família, à maternidade, à infância, à adolescência, à velhice e à pessoa portadora de deficiência, independentemente de contribuição à Seguridade Social, conforme art. 203 e 204 da Constituição Federal.

A organização da Assistência Social obedecerá às seguintes diretrizes:

Descentralização político-administrativa, ou seja, é a participação da população na formulação e controle das ações em todos os níveis.

2.1.3. PREVIDÊNCIA SOCIAL

Por fim, o terceiro pilar do sistema de seguridade é a Previdência Social. Ela é elaborada a partir de uma lógica contributiva que requer garantir sua sustentabilidade, como princípio estruturante do sistema, legitimando programas de transferência de renda.

É um seguro social, que visa garantir renda ao segurado e contribuinte quando o mesmo perde a capacidade do exercício do trabalho por variados fatores, como doença, invalidez, idade avançada, desemprego, maternidade e reclusão. O contribuinte pode requerer aposentadoria por tempo de contribuição determinado pelos cálculos previdenciários.

A Previdência Social tem por fim assegurar aos seus beneficiários meios indispensáveis de manutenção, por motivo de incapacidade, idade avançada, tempo de serviço, desemprego involuntário, encargos de família e reclusão ou morte daqueles de quem dependiam economicamente, conforme se extrai dos arts. 201 e 202 da Constituição Federal.

A organização da Previdência Social obedecerá aos seguintes princípios e diretrizes:

- universalidade de participação nos planos previdenciários, mediante contribuição;
- valor da renda mensal dos benefícios, substitutos do salário--de-contribuição ou do rendimento do trabalho do segurado, não inferior ao do salário-mínimo;
- cálculo dos benefícios considerando-se os salários-de-contribuição, corrigidos monetariamente;
- preservação do valor real dos benefícios;
- previdência complementar facultativa, custeada por contribuição adicional.

2.2. E COMO FUNCIONA O ORÇAMENTO DO SISTEMA DE SEGURIDADE?

Em relação de custeio/orçamento do Sistema de Seguridade Social, o princípio é que todos da sociedade devem colaborar para a cobertura dos riscos provenientes da perda ou redução da capacidade de trabalho, a aposentadoria.

Isso está previsto no art. 195 da Constituição Federal e na Lei 8.212/91, que trazem que a Seguridade Social deve ser financiada por toda sociedade, de forma direta e indireta, através dos impostos e pela contribuição direta, mediante recursos provenientes da União, dos Estados, do Distrito Federal, dos Municípios e de contribuições sociais.

No âmbito federal, o orçamento da Seguridade Social é composto das seguintes receitas:

I – receitas da União:
a) Como impostos, fundos constitucionais, contribuições sociais e econômicas e compensações financeiras de recursos hídricos e minerais.

II – receitas das contribuições sociais:

a) Para o empregado e trabalhador avulso: a remuneração auferida em uma ou mais empresas, assim entendida a totalidade dos rendimentos pagos, devidos ou creditados a qualquer título, durante o mês, destinados a retribuir o trabalho, qualquer que seja a sua forma, inclusive as gorjetas, os ganhos habituais sob a forma de utilidades e os adiantamentos decorrentes de reajuste salarial, quer pelos serviços efetivamente prestados, quer pelo tempo à disposição do empregador ou tomador de serviços nos termos da lei ou do contrato ou, ainda, de convenção ou acordo coletivo de trabalho ou sentença normativa;

b) Empregado doméstico: a remuneração registrada na CTPS (Carteira de Trabalho ou Previdência Social), observadas as normas a serem estabelecidas em regulamento para comprovação do vínculo empregatício e do valor da remuneração;

c) Contribuinte individual (empresário, trabalhador autônomo ou equiparado a autônomo);

d) Para o segurado ou contribuinte facultativo: o valor por ele declarado;

e) Dirigente sindical na qualidade de empregado: como sendo a remuneração paga, devida ou creditada pela entidade sindical, pela empresa ou por ambas; e

f) Dirigente sindical na qualidade de trabalhador avulso: como sendo a remuneração paga, devida ou creditada pela entidade sindical.

III – receitas de outras fontes.

a) Não advindo da contribuição social e nem da União, prevalecendo como doação, resultante de multas, a atualização monetária, juros moratórias, leilão etc.

VOCÊ SABIA?

A reforma da Previdência põe fim no plano de Seguridade Social dos Congressistas, que atualmente permite que um parlamentar se aposente com benefícios integrais depois de 35 anos de mandato ou 60 anos de idade (os números são válidos tanto para homens quanto para mulheres). Com a reforma, os novos deputados e senadores a serem eleitos para ocupar cargos obedecerão às regras do Regime Geral de Previdência Social.

2.3. CURIOSIDADES DA SEGURIDADE SOCIAL AO LONGO DO TEMPO

Com o surgimento da Constituição brasileira de 1934, foi instituída a tríplice forma de custeio (Governo, empregadores e empregados) e a noção do "risco social" (doença, invalidez, velhice e morte);

Na Constituição brasileira de 1937 utilizou pela primeira vez a expressão "seguro social";

Constituição brasileira de 1946 utilizou a expressão "previdência social", e instituiu o mecanismo de "contrapartida", mantendo a receita e despesas dentro do Sistema da Seguridade Social, bem como passou a proteger expressamente os denominados "riscos sociais";

Surgimento da Lei Orgânica da Previdência Social – LOPS, de 1960;

A Constituição Federal de 1965 instituiu o "auxílio-desemprego";

Em 1971, foi criado o Programa de Assistência ao Trabalhador Rural (PRORURAL), que utilizava recursos do FUNRURAL, por meio da Lei Complementar nº 11/1971;

Em 1977, foi criado o Sistema Nacional de Previdência e Assistência Social (SINPAS).

Contudo, foi com a Constituição Federal de 1988 que ocorreu a grande inovação no seguro social, reunindo as três áreas da seguridade social: saúde, previdência social e assistência social.

No artigo 194, da Constituição Federal de 1988, mostra como a seguridade social trabalha e quais são os direitos e ações que ela assegura:

"um conjunto integrado de ações de iniciativa dos Poderes Públicos e da sociedade, destinadas a assegurar os direitos relativos à saúde, à previdência e à assistência social".

Segundo a Lei Orgânica da Seguridade Social: O Sistema de Seguridade obedecerá aos seguintes princípios e diretrizes:

a) Universalidade da cobertura e do atendimento;
b) Uniformidade e equivalência dos benefícios e serviços às populações urbanas e rurais;
c) Seletividade e distributividade na prestação dos benefícios e serviços;
d) Irredutibilidade do valor dos benefícios;
e) Equidade na forma de participação no custeio;
f) Diversidade da base de financiamento;
g) Caráter democrático e descentralizado da gestão administrativa com a participação da comunidade, em especial de trabalhadores, empresários e aposentados.

"A República Federativa do Brasil constitui-se em Estado democrático de direito", mas o Estado de direito, nos dias de hoje, não pode justificar-se como liberal, neutro ou abstencionista, já que os movimentos sociais dos séculos XIX e XX propiciaram a formação da consciência da necessidade de justiça social, incompatível com a mera garantia de liberdades.

Assim, o Estado de Direito, na atualidade, deixou de ser formal, neutro e individualista, para transformar-se em Estado Material de Direito, enquanto adota uma dogmática e pretende realizar a justiça social.

É o chamado Estado Social, onde se busca a correção do individualismo clássico liberal pela afirmação dos chamados direitos sociais, objetivando a redução das desigualdades sociais.

2.4. SEGURIDADE SOCIAL E PREVIDÊNCIA SOCIAL

Como categoria dos direitos sociais, existem os direitos relativos à seguridade, que, como o próprio nome diz, visam conferir ao indivíduo uma segurança contra os chamados riscos sociais.

A Constituição Federal de 1988, em seu artigo 194, assim dispõe:

> "Art. 194. A seguridade social compreende um conjunto integrado de ações de iniciativa dos Poderes Públicos e da sociedade, destinadas a assegurar os direitos relativos à saúde, à previdência e à assistência social."

A Seguridade Social, assim, consubstancia-se em direito subjetivo a prestações positivas por parte do Estado, no sentido de propiciar ao indivíduo a proteção contra eventos que venham abalá-lo em sua capacidade laboral, uma vez que é da força de trabalho que a maior parte das pessoas obtém os recursos necessários para assegurar, a si e a sua família, uma vida digna.

É, pois, a Seguridade Social autêntica derivação do direito à igualdade de segunda geração.

A Previdência Social caracteriza-se por ser uma especial proteção ao trabalhador e aos seus dependentes, o qual adere mediante contribuição.

Na verdade, a Seguridade Social é gênero do qual são espécies a Previdência Social (artigos 201 e 202 da CF/1988), a Assistência Social (artigo 203 da CF/1988) e a Saúde artigo 196 da CF/1988. O caráter distintivo entre a Previdência Social e a Assistência Social é a feição contributiva da primeira, bem como ser de filiação obrigatória. Na previdência, é segurado quem se encontra na situação prevista na lei, regra geral, de forma compulsória. A assistência deve ser prestada a quem dela necessitar pelo simples e importante fato de ser cidadão. No entanto, em nome da reserva do possível as ações e os "benefícios" da assistência são limitados e devem atender a requisitos previstos na lei. A Saúde com a Constituição Federal de 1988 foi universalizada, independendo de qualquer vínculo previdenciário para que se tenha acesso a tudo que o sistema público de saúde pode oferecer. Questão interessante é a previsão do amparo social, previsto no inciso V, do artigo 203 da Constituição Federal de 1988, conforme dispuser a lei.

3. RELAÇÃO DE PREVIDÊNCIA SOCIAL

3.1. NATUREZA JURÍDICA

A doutrina mais antiga menciona a natureza jurídica da relação previdenciária como sendo contratual. Contudo, verificada a presença da lei de forma imperativa, independente da vontade ou do arbítrio do homem, não há como negar a natureza legal da relação jurídica.

Na classificação tradicional de Pontes de Miranda, é possível enquadrá-la como ato-fato jurídico, em que o ato humano é da substância do fato jurídico, mas não importa para a norma se houve ou não vontade em praticá-lo. A norma jurídica abstrai desse ato qualquer elemento volitivo como relevante. Ressalta-se a consequência do ato sem se dar maior significância à vontade em praticá-lo.

O nascimento da relação jurídica surge com o exercício da atividade remunerada descrita na legislação previdenciária como de filiação obrigatória. A partir deste momento, o segurado não pode mais optar pela sua adesão ou não ao plano de previdência social.

Por óbvio, tal raciocínio não se aplica de forma direta quando se trata de segurado facultativo, cuja filiação decorre de ato volitivo do indivíduo que pretende estar amparado pela previdência social. Contudo, não se pode também igualar a relação existente entre ele e o Estado a um mero contrato de seguro privado.

Uma vez que se opte pela filiação, passam a incidir mesmo nesta relação jurídica todos aqueles princípios inerentes à previdência organizada por um ente estatal cuja finalidade primordial é prestar amparo ao indivíduo na ocorrência de um dos riscos sociais previamente elegidos. Acreditamos que, neste caso, melhor se adequaria a denominação de ato jurídico stricto sensu, em que a vontade consciente é elemento essencial para a sua constituição, embora o resultado esteja previamente estabelecido na lei e seja inalterável pela vontade dos interessados.

Não se pode olvidar que a previdência social é fundada na solidariedade social, que tem por pressuposto amparar aqueles que dela necessitam com recursos daqueles que podem contribuir.

3.2. ESPÉCIES DE RELAÇÃO JURÍDICA

Na doutrina brasileira, aquele que acreditamos tenha melhor identificado a relação jurídica previdenciária é Feijó Coimbra. Com sapiência, destaca que "das leis que, em nosso ordenamento jurídico, regulam a proteção social, resultam relações jurídicas de diversa forma e conteúdo, estabelecendo direitos e obrigações entre vários tipos de sujeitos, consoante o objetivo do preceito hipotético de que se trata".

Essas relações jurídicas mencionadas podem ser distribuídas em três "categorias": i) relação de vinculação ou filiação; ii) relação de amparo ou de proteção; iii) relação de custeio.

Da relação de vinculação ou filiação decorrem a relação de amparo e de custeio. Contudo, não há correspectividade entre o dever de contribuir e o direito a benefícios ou serviços.

Contrariamente àqueles que adotam a teoria unitarista, segundo os quais a relação de previdência configura-se como uma relação unitária e complexa – da qual surge o dever de contribuir, o poder de descontar e o direito às prestações previdenciárias –, entendemos existir duas relações jurídicas distintas fundamentalmente.

Vários são os argumentos que pendem a esta conclusão.

O simples fato de o legislador ordinário ter optado por duas leis distintas a regular a matéria: a Lei 8.212/91, quanto à relação de custeio, e a Lei 8.213/91, quanto à de previdência/amparo.

Os princípios norteadores de uma e outra relação jurídica visando à solidariedade e à promoção da justiça social. A de custeio é fundada na capacidade contributiva e a de previdência no estado de necessidade.

Por sua vez, o artigo 15 da Lei 8.213/91, ao prever os "períodos de graça", também afasta a correspondência contribuição-prestação ao permitir que determinado indivíduo perceba benefício previdenciário ainda que não esteja recolhendo contribuição. Ou, ainda, pode-se vislumbrar o dever de contribuir sem o direito às prestações ou à maioria delas, como, por exemplo, na hipótese do aposentado que retorna à atividade e até mesmo daqueles que não preenchem as condições necessárias para a concessão de determinado benefício.

Por fim, a distinta previsão dos prazos de prescrição para a cobrança das parcelas devidas pelo Instituto (artigo 103, parágrafo único da LB) e das contribuições atrasadas (cujo prazo, segundo a jurisprudência mais autorizada, vem prescrito no Código Tributário Nacional), e a imprescritibilidade do direito ao benefício contraposta à prescrição extintiva dos direitos do INSS em face do contribuinte.

Assim, ao contrário do que vinha sendo exigido administrativamente (art. 455 da IN 57/01:"A existência de débito relativo a contribuições devidas pelo segurado junto à Previdência Social não é óbice, por si só, para a concessão de benefícios, quando preenchidos todos os requisitos legais para a concessão do benefício requerido, salvo nas situações em que o período em débito compuser o PBC."), não é possível exigir como condição para a concessão de determinado benefício a quitação de eventuais débitos para com a Previdência. Se o período durante o qual o segurado não recolheu contribuição não será utilizado para cálculo do benefício ou não importará para comprovação do período de carência, o INSS não pode obstaculizar a concessão do benefício com a condição de seu adimplemento.

Ainda que a relação jurídica de custeio existente entre o segurado e o regime previdenciário seja independente da relação jurídica de proteção, ou melhor, não haja na relação jurídica previdenciária traço de sinalagma entre o pagamento das contribuições e a pretensão aos benefícios, é certo que somente está amparado pelo regime previdenciário brasileiro, de regra, aquele que tenha contribuindo para o sistema a que pertence. Ainda que a contribuição não seja fator necessário do direito à prestação, é sem dúvida o indicativo da manutenção da qualidade de segurado, salvo nas hipóteses previstas no artigo 15 da Lei 8.213/91.

3.3. VALIDADE DA RELAÇÃO JURÍDICA

Como aponta Amauri Mascaro Nascimento, para a concepção dualista, direito do trabalho e previdência social não se confundem; constituem matérias autônomas e de objetivos próprios, bem como tratamento jurídico específico, apesar da íntima conexão e expansão que os caracteriza na história.

O dualismo parte inclusive da diversidade de sujeitos, maior na previdência social – cujo rol deveria ser o mais amplo possível, e menor no direito do trabalho, que abrangeria somente os empregados. As relações jurídicas de direito do trabalho têm como sujeitos dois particulares, o empregado e o empregador. Já as relações de direito previdenciário, como acima apontado, constituem-se independentemente da vontade dos segurados e não têm natureza contratual.

A validade do contrato de trabalho não é condição para o nascimento da relação jurídica de previdência social. Não apenas o empregado é segurado da previdência, mas também aquele que exerce por conta própria atividade remunerada sem vínculo trabalhista (segurado autônomo/contribuinte individual).

Se nulo o contrato de trabalho por causas outras como defeito de forma, incapacidade do agente ou inidoneidade do objeto, não há nulidade necessária da relação jurídica previdenciária.

Várias são as decisões judiciais amparando o menor de 12, 14 ou 16 anos, (conforme a época do exercício da atividade) que, contrariando a norma constitucional proibitiva do trabalho infantil, tenha-se vinculado a determinada pessoa física ou jurídica exercendo atividade remunerada. Embora o contrato de trabalho seja nulo pela incapacidade do agente ou por expressa proibição constitucional, desta relação exsurgem inegáveis efeitos previdenciários, porquanto é impossível restituir as partes ao estado anterior, mostrando-se insuficiente a teoria indenizatória da proibição do enriquecimento ilícito. Afinal, "constitui inquestionável imperativo de justiça buscar solução capaz de impedir que regras cogentes forjadas em benefício da pessoa, contra ela se voltem de modo odioso. Quando se proíbe o trabalho do menor (...) o que se quer é a proteção das pessoas de pouca idade (...). Se, apesar da proibição, é executado o serviço, seria iníquo sancionar a quem já é vítima das pressões econômicas e sociais.

Quanto à relação de previdência social, a iniquidade é ainda mais viva, porque se agrava o risco de danos à saúde e à integridade física do trabalhador. O serviço foi prestado por quem presumidamente não tinha condições de suportar sem gravame o esforço e o dispêndio de energia, pois precoce ou efetuado em circunstâncias agressivas particulares. (...) O caráter pessoal do trabalho humano, isto é, a inseparabilidade em termos absolutos entre o trabalhador e o trabalho, entre o agente e a ação impede se restitua o serviço a quem o prestou. Negar efeito ao contrato seria violentar a realidade (semelhante ao que ocorre quando um menor absolutamente incapaz ingressa em um cinema após adquirir o bilhete ou um alienado mental vai a um restaurante, faz uma refeição e paga), consagrando, ademais, a injustiça".

Quanto à forma do contrato de trabalho, há que se destacar o surgimento da relação de emprego e também de previdência social de modo simultâneo, independentemente da exteriorização de vontade sob forma especial. A filiação existe para o segurado obrigatório independentemente da formalização realizada pela anotação na CTPS ou inscrição do segurado no respectivo órgão estatal.

Não é por outro motivo que Feijó Coimbra indica a irrelevância da vinculação ilegítima. A relação de previdência que vincula o segurado obrigatório decorre da lei. A ausência de contribuição não retira do segurado esta condição. De outra banda, se alguém contribui erroneamente para o sistema, sem amparo legal, não fará jus, de regra, a prestação alguma da previdência social. Cita, como exemplo, servidor estadual que contribuiu por largo espaço de tempo para o regime do antigo INPS, mesmo possuindo regime próprio de previdência social, afirmando que nesta hipótese jamais poderia ser considerado beneficiário do Regime de Previdência Urbana.

As contribuições indevidas poderiam ser repetidas, mas não lhe concediam direito a qualquer benefício previdenciário do regime do INPS, ainda mais porque não mais vigente o artigo 153 do regulamento baixado pelo Decreto nº 60.501/67, o qual preceituava que "as prestações não deixarão de ser concedidas, em caso de filiação indevida, salvo se for comprovado dolo".

Na situação em tela, em que pese considerarmos válida a ideia de que a filiação decorre de expressa disposição legal, e a inscrição e contribuição indevida não geram filiação ao Regime Geral da Previdência Social nesta categoria, há que se ter certa parcimônia na avaliação dos casos concretos, em especial quando se vislumbra a boa-fé do segurado, ao encontro do raciocínio que já era feito por aquele Decreto acima mencionado.

4. PRINCÍPIOS DA SEGURIDADE E PREVIDÊNCIA SOCIAL

Princípios são as proposições básicas, fundamentais, que condicionam todas as estruturações subsequentes de uma ciência. São, assim, os seus alicerces.

Tomando por base a ciência do direito, temos os princípios como normas dotadas de grande generalidade e abstração que representam a própria consciência jurídica, servindo como fundamento de validade para as demais normas e, também, como critério de interpretação destas.

Os princípios que regem a Seguridade Social são:

4.1. PRINCÍPIOS GERAIS

a) Princípio da igualdade;
b) da legalidade,
c) do direito adquirido;
d) do solidarismo;
e) da universalidade;
f) da igualdade de tratamento entre os urbanos e rurais;
g) da seletividade e distributividade;
h) da irredutibilidade;
i) equidade na forma de participação do custeio;
j) da diversidade da base de financiamento;
k) da gestão democrática e descentralizada;
l) da tríplice forma de custeio; e
m) da preexistência de custeio para beneficiamento.

O legislador constituinte e o originário entenderam por positivar os princípios, senão vejamos:

CONSTITUIÇÃO FEDERAL:

"Artigo 194 – A Seguridade Social compreende um conjunto integrado de ações de iniciativa dos poderes públicos e da sociedade, destinadas a assegurar os direitos relativos à saúde, à previdência e à assistência social.
Parágrafo único. Compete ao poder público, nos termos da lei, organizar a Seguridade Social, com base nos seguintes objetivos:
I – universalidade da cobertura e do atendimento;
II – uniformidade e equivalência dos benefícios e serviços às populações urbanas e rurais;
III – seletividade e distributividade na prestação dos benefícios e serviços;
IV – irredutibilidade do valor dos benefícios;
V – equidade na forma de participação no custeio;
VI – diversidade da base de financiamento;
VII – caráter democrático e descentralizado da administração, mediante gestão quadripartite, com participação dos trabalhadores, dos empregadores, dos aposentados e do Governo nos órgãos colegiados".

LEI 8.213/91:

"Artigo 2º – A Previdência Social rege-se pelos seguintes princípios e objetivos:
I – universalidade de participação nos planos previdenciários;
II – uniformidade e equivalência dos benefícios e serviços 'as populações urbanas e rurais;
III – seletividade e distributividade na prestação dos benefícios;
IV – cálculo dos benefícios considerando-se os salários de contribuição corrigidos monetariamente;

V – irredutibilidade do valor dos benefícios de forma a preservar-lhes o poder aquisitivo;

VI – valor da renda mensal dos benefícios substitutos do salário-de-contribuição ou do rendimento do trabalho do segurado não inferior ao do salário mínimo;

VII – previdência complementar facultativa, custeada por contribuição adicional;

VIII – caráter democrático e descentralizado da gestão administrativa, com a participação do governo e da comunidade, em especial de trabalhadores em atividade, empregadores e aposentados.

Parágrafo único. A participação referida no Inciso VIII deste artigo será efetivada a nível federal, estadual e municipal".

Com base no defendido pelos estudiosos acima referendados, considerando também o direito positivo, propomos uma nova sistematização dos chamados princípios da seguridade e Previdência Social.

I - PRINCÍPIOS GERAIS:

a) **IGUALDADE** –"Todos são iguais perante a lei". Isto não quer dizer que todos, independentemente de suas condições, mereçam tratamento igual, mas que a regra da igualdade consiste senão em aquinhoar desigualmente os desiguais, na medida em que sejam desiguais.

Violará o princípio da igualdade, sob a ótica da Seguridade Social, se o legislador ordinário determinar tratamentos desiguais para duas situações iguais.

O parágrafo 1º, do artigo 201, da CF/88, com a redação dada pela EC nº 103/2019, veda a adoção de requisitos e critérios diferenciados para concessão de aposentadorias aos beneficiários do Regime Geral de Previdência Social, ressalvados nos termos de lei complementar, a possibilidade de previsão de idade e tempo de contribuição distintos da regra geral para concessão de aposentadoria exclusivamente em favor dos segurados com deficiência, previamente submetidos a avaliação biopsicossocial realizada por equipe multiprofissional e interdisciplinar ou aqueles cujas atividades sejam exercidas com efetiva exposição a agentes químicos, físicos e biológicos prejudiciais à saúde, ou associação desses agentes, vedada a caracterização por categoria profissional ou ocupação.

b) **SOLIDARIEDADE** – Positivado pelo constituinte de 1988 (artigo 3º, I), este princípio visa à chamada evolução coletiva. A liberdade e a igualdade dada a cada um possibilita a evolução individual de todos, mas há que se atender aos anseios de uma evolução coletiva, sem a qual a sociedade não alcança o seu bem-estar de felicidade.

A solidariedade é uma característica do ser humano, um sentimento de necessidade de ajudar ao próximo necessitado.

Ao adotá-la como princípio, torna-se obrigatória a contribuição da maioria em prol da minoria.

c) **UNICIDADE** – A seguridade, segundo tal princípio, deverá ser única, não comportando fragmentações.

A adoção do princípio da unicidade objetiva a criação de um sistema forte e que efetive o princípio da solidariedade. Quanto mais fragmentado for menos solidário será.

Com relação à previdência, que se orienta também pela solidariedade, como se disse, esta também deve ser única, como forma de garantir a cobertura das necessidades atuarialmente menos vantajosas, onde o volume contributivo fica muito abaixo do volume das prestações oferecidas pelo Estado.

d) **GESTÃO DEMOCRÁTICA E DESCENTRALIZADA** – Embora único o sistema, deve ser ele gerido de forma descentralizada, para que seja atingida maior efetividade e com a participação do povo.

Segundo a Constituição Federal, é objetivo da Seguridade Social o caráter democrático e descentralizado da administração, mediante gestão quadripartite, com participação dos trabalhadores, dos empregadores, dos aposentado e do governo nos órgãos colegiados.

e) SOLIDARIEDADE CONTRIBUTIVA. EQUIDADE NA FORMA DE PARTICIPAÇÃO DO CUSTEIO – Importa na responsabilidade compartilhada entre o Estado e a sociedade civil pela manutenção financeira da Seguridade Social.

Com relação à Previdência, há duas modalidades básicas de financiamento: a da capitalização e da repartição.

Na primeira, o indivíduo é responsável pessoalmente pelos aportes financeiros que formarão um fundo próprio, o qual responderá, no futuro, por sua aposentadoria.

Na segunda, todos contribuem para um fundo comum, repartindo, dessa forma, a responsabilidade. É a que se adequa à Previdência Social, seguindo, assim, o princípio da solidariedade. A participação no custeio, assim, deverá levar em conta as condições contributivas do indivíduo.

f) DIVERSIDADE NA BASE DE FINANCIAMENTO – O financiamento da Seguridade Social não pode se fazer com base em uma única fonte de tributos, sob pena de onerar por demais uma classe social ou atividade econômica.

A diversidade faz com que se atinja um maior número de pessoas, garantindo uma constância maior de entradas, além de uma maior efetividade do princípio da solidariedade.

Seguindo tal princípio, o próprio constituinte reduziu os encargos incidentes sobre os salários, caráter inibidor da contratação e dificultador da manutenção de vagas ativas no mercado de trabalho, para uma maior concentração nos itens faturamento e lucro, porque o setor de serviços se agiganta em tempo de robotização das indústrias, mecanização das lavouras e informatização do setor terciário da economia, e passa a apresentar uma maior capacidade contributiva, anteriormente inexplorada.

g) UNIVERSALIDADE – O princípio da universalidade busca fazer com que a Seguridade Social atinja a totalidade das pessoas que dela necessitem, assim como a totalidade das situações de desamparo que possam atingi-las.

Nos termos da Constituição de 1988, é objetivo da Seguridade Social a universalidade da cobertura e do atendimento.

O constituinte previu a universalidade em seus dois aspectos: o objetivo, buscando-se cobrir todos os riscos sociais, e subjetivo, que diz respeito a todas as pessoas que integram a população, inclusive os estrangeiros.

h) SELETIVIDADE E DISTRIBUTIVIDADE – O constituinte de 1988, ao instituir o princípio da universalidade, não se esqueceu da situação concreta que atravessam as finanças do país. Vislumbrou ele a impossibilidade prática de ser atingida a seguridade ideal.

Diante da impossibilidade real de se cobrir todos os riscos sociais, assim como de atender a todos aqueles que habitam nosso território, o constituinte conferiu ao legislador uma espécie de mandato específico com o escopo de que este estude as maiores carências em matéria de Seguridade Social.

O princípio da universalidade deve lido em conjunto com os princípios da seletividade e distributividade.

A universalidade objetiva fica, assim, condicionada à seletividade, que permite ao legislador escolher quais as contingências sociais que serão cobertas pelo sistema de proteção social em face de suas possibilidades financeiras.

A universalidade subjetiva, por sua vez, é limitada pela ideia de distributividade. A lei irá dispor a que pessoas os benefícios e serviços serão estendidos.

Como exemplo de aplicação desse princípio, podemos citar o salário-família e o auxílio reclusão que, por força da Emenda Constitucional nº 20/98, são pagos apenas aos segurados de baixa renda.

São escolhas políticas, mas que devem pautar-se por um critério de razoabilidade, sob pena de serem inconstitucionais, por violarem o princípio da igualdade.

Por fim, vale ressaltar que, em relação à saúde, a universalidade alcança todas as camadas da população, que fazem jus à utilização de todos os recursos existentes no estado atual da ciência médica (atendimento integral). Não têm aplicação, aí, os princípios da seletividade e distributividade.

i) **UNIFORMIDADE** – É princípio da Seguridade Social a uniformidade e equivalência entre os benefícios e serviços às populações urbanas e rurais.

Uniformidade é a igualdade quanto ao aspecto objetivo, isto é, no que se refere aos eventos cobertos. Equivalência é quanto ao valor pecuniário ou qualidade da prestação.

Decorre do princípio da igualdade, o qual comporta método de correção das desigualdades. Não constituiu, pois, intenção do legislador constituinte afirmar que os trabalhadores rurais e urbanos deveriam ser tratados de forma absolutamente igual, quando diferentes sãos os meios em que vivem, os salários e as condições de educação e justiça social, bem como a fiscalização das normas trabalhistas e previdenciárias.

j) **PREEXISTÊNCIA DE CUSTEIO PARA BENE-FICIAMENTO** – Segundo a Constituição de 1988, nenhum benefício ou serviço da Seguridade Social pode ser criado, majorado ou estendido sem a correspondente fonte de custeio total.

Este princípio visa proteger as finanças da Seguridade Social e, consequentemente, a efetivação dos benefícios e serviços já garantidos por ela.

k) IRREDUTIBILIDADE – Previsto na Constituição de 1988 em seu artigo 194, parágrafo único, IV.

Segundo o Supremo Tribunal Federal, o princípio da irredutibilidade impede que seja imposta uma redução efetiva dos valores nominais das prestações da seguridade, garantindo ao beneficiário, se não a manutenção do seu padrão de vida e do seu poder aquisitivo, ao menos a capacidade de honrar os compromissos já assumidos.

Há que se atentar, porém, para o fato de que no caso de índices inflacionários elevados, a simples manutenção do valor das prestações não é capaz de garantir ao beneficiário que honre os seus compromissos do mês seguinte.

A interpretação dada por nossa Corte Maior, *data venia*, enfraquece a garantia.

l) VALOR MÍNIMO – Nenhum benefício que substitua o salário de contribuição ou o rendimento do trabalho do segurado terá valor mensal inferior ao salário-mínimo.

É objetivo da assistência social a garantia de um salário-mínimo de benefício mensal à pessoa portadora de deficiência e ao idoso que comprovarem não possuir meios de prover à própria manutenção ou de tê-la provida por sua família, conforme dispuser a lei.

Segundo o princípio do valor mínimo garante-se ao indivíduo uma renda capaz de "atender às suas necessidades vitais básicas e às de sua família com moradia, alimentação, educação, saúde, lazer, vestuário, higiene, transporte e Previdência Social" (CF/88 – art. 7º, IV).

É evidente que o Estado brasileiro tem fracassado nessa obrigação e prover o trabalhador e o beneficiário da previdência como um mínimo indispensável à sua dignidade, mas não se pode negar que a fixação de tal princípio é um avanço nas relações previdenciárias, já que, como se sabe, antes do advento da Constituição de 1988, muitos dos aposentados recebiam menos do que aquilo que era visto como o mínimo para a sua manutenção e a de sua família.

m) RECOMPOSIÇÃO MONETÁRIA – Todos os salários de contribuição considerados para o cálculo de benefício serão devidamente atualizados, na forma da lei.

O princípio da recomposição monetária, assim, "é aquele que garante ao contribuinte ou aos seus dependentes, no momento em que passam à condição de beneficiários da Previdência Social, uma justa e integral recomposição de todos os valores considerados para o fim de cálculo da prestação previdenciária, seja ela de trato sucessivo ou instantânea".

n) PRESERVAÇÃO DO VALOR REAL – É assegurado o reajustamento dos benefícios para preservar-lhes, em caráter permanente, o valor real, conforme critérios definidos em lei (CF/88 – art. 201, § 4º).

Deveria o princípio do valor real garantir a proteção a todas as prestações continuadas de natureza previdenciária contra a degradação monetária, bem como contra a gestão administrativa e contra a iniciativa legislativa ordinária contrárias 'a integridade dos benefícios.

o) COMUTATIVIDADE – Para efeito de aposentadoria, é assegurada a contagem recíproca do tempo de contribuição na administração pública e na atividade privada, rural e urbana, hipótese em que os diversos regimes de Previdência Social se compensarão financeiramente, segundo critérios estabelecidos em lei (CF/88 – art. 201, § 9º).

Embora a previdência seja estruturada seguindo o princípio da unicidade (regime geral), a própria constituição reconhece o regime próprio dos servidores públicos.

Assim, garante-se ao trabalhador o direito à aposentadoria, ou pensão aos seus dependentes, no caso em que ele contribuiu para diferentes sistemas, independentemente dos conflitos de ordem financeira que as entidades de previdência possam experimentar.

Transferiu-se, com isso, o problema do mais fraco, o indivíduo, para os mais fortes, a União, os Estados e os Municípios.

5. DEPENDENTES

Os ganhos auferidos pelo trabalhador, como é cediço, tanto sustentam a si como também garantem a subsistência de sua família.

Daí que a proteção conferida pela Previdência Social não se restringe ao segurado, abrangendo, igualmente, os seus dependentes, notadamente porque o intuito da Previdência Social é assegurar "aos seus beneficiários meios indispensáveis de manutenção, por motivo de incapacidade, desemprego involuntário, idade avançada, tempo de serviço, encargos familiares e prisão ou morte daqueles de quem dependiam economicamente" (Lei 8.213/91, art. 1º) – (grifo nosso).

"Beneficiário é gênero que abarca o segurado (obrigatório e facultativo) e seus dependentes. É todo aquele que recebe ou possa vir a receber alguma prestação previdenciária (benefícios ou serviços)" (Fábio Zambite Ibrahim, *in* Resumo de Direito Previdenciário, 4ª Edição – Rio de Janeiro: Impetus, 2005, página 118).

Os dependentes são beneficiários indiretos da Previdência Social porque não adquirem a condição de beneficiário por ato próprio (exercendo atividade remunerada prevista em lei ou contribuindo facultativamente). "O direito dos dependentes fica condicionado à existência da qualidade de segurado de quem dependem economicamente." (Eduardo Rocha Dias; José Leandro Monteiro de Macêdo, *in* Curso de Direito Previdenciário, Editora Método, 2008, página 118).

Assim, para fazer jus ao benefício, os dependentes devem comprovar dois requisitos:

1) A qualidade de segurado daqueles de quem dependiam economicamente na data da ocorrência da contingência social;

2) A dependência econômica em relação ao segurado da Previdência Social.

Em que pese os dependentes serem "beneficiários indiretos" (na medida em que a proteção previdenciária lhes é conferida em razão da condição de segurado de quem dependiam), o direito à proteção previdenciária é exercido sempre em nome próprio.

> Ex.: o dependente exigirá a pensão por morte em nome próprio (não obstante o direito à prestação exista em razão da pessoa do segurado).

A relação jurídica entre o ente segurador estatal e o dependente do segurado se forma com a ocorrência da contingência social prevista como deflagradora da proteção previdenciária.

Isso porque as pessoas que dependem economicamente dos segurados só serão afetadas quando ocorrerem os eventos que neutralizem a condição de trabalho dos segurados, como nos casos de morte e reclusão.

Observamos, primeiramente, que a maioridade civil (18 anos) não coincide com a previdenciária, já que o filho e o irmão válidos mantêm a qualidade de dependentes até completarem 21 anos, desde que não se emancipem antes disso.

Por essa razão, a pensão por morte é percebida por filho (que não seja inválido ou emancipado) do segurado falecido até os 21 anos, não cessando aos 18 anos.

A emancipação é antecipação da maioridade civil, e ocorre pelas seguintes formas:

1- pela concessão dos pais, ou de um deles na falta de outro, mediante instrumento público, independentemente de homologação judicial, ou por sentença do juiz, ouvido o tutor, se o menor tiver 16 anos completos;
2- pelo casamento;
3- pelo exercício de emprego público efetivo;
4- pela colação de grau em ensino de curso superior;
5- pelo estabelecimento civil ou comercial ou pela existência de relação de emprego, desde que, em função deles, o menor com dezesseis anos completos tenha economia própria.

Embora a emancipação na lei civil deva ocorrer entre 16 e 18 anos (porque aos 18 anos a pessoa já é considerada maior), a melhor interpretação, para fins previdenciários, é a de que a emancipação possa ocorrer até os 21 anos, pois, do contrário, uma pessoa casada aos 17 anos não poderia ser considerada dependente de um segurado, e uma pessoa casada aos 19 poderia, o que seria desarrazoado e injusto.

Outro aspecto que merece destaque é o caso do filho ou do irmão que se tornarem inválidos após os 21 anos. Mantêm eles a condição de dependentes? O entendimento do INSS (art. 25, parágrafo primeiro, da Instrução Normativa 20/07) é o de que a invalidez deva ocorrer anteriormente à causa de emancipação civil ou a data em que a pessoa completar 21 anos. Assim, após a maioridade para fins previdenciários, a ocorrência da invalidez não geraria a condição de dependente. O exemplo que se dá é o da pessoa que é servidora pública e recebe R$ 10.000,00 e que se torna inválida. Ela teria direito a receber aposentadoria por invalidez, imaginemos que no mesmo valor, e ainda seria considerada dependente do segurado da Previdência Social para fins de percepção de pensão por morte, o que seria desmedido.

Registramos, todavia, a existência de doutrina e jurisprudência entendendo que retornam à condição de dependentes dos segurados a pessoa já emancipada para os fins previdenciários e que se torne inválida após essa emancipação, mas desde que antes do óbito ou reclusão do segurado, para percepção de pensão por morte ou auxílio-reclusão.

6. PROTEÇÃO DOS DEPENDENTES

Consideram-se dependentes aqueles que, embora não contribuam para o sistema previdenciário, afiguram como titulares de determinados benefícios em razão de vínculo familiar com o contribuinte e, assim, fazem jus ao recebimento de pensão por morte, auxílio-reclusão, serviço social e reabilitação profissional.

Ensina Wladimir Novaes Martinez que

> "dependente é pessoa economicamente subordinada a segurado. Com relação a ele é mais próprio falar em estar ou não inscrito ou situação de quem mantém a relação de dependência ao segurado, adquirindo-a ou perdendo-a, não sendo exatamente um filiado, pois este é o estado de quem exerce atividade remunerada, embora não passe de convenção semântica."[3]

Entretanto, critica-se o conceito acima, eis que a subordinação econômica ao segurado não constitui requisito para a caracterização de dependente para efeito previdenciário, como ocorre, por exemplo, com o cônjuge que, mesmo ao exercer atividade remunerada, pode assim ser considerado para receber benefícios.

---

3   MARTINEZ, Wladimir Novaes. *Curso de direito previdenciário*. Tomo I – Noções de direito previdenciário. São Paulo: LTr, 1997, pp. 201-208.

7. CLASSES DE DEPENDENTES

Os dependentes, nos termos do artigo 16, da Lei 8.213/91, são divididos em três classes, quais sejam:

a) o cônjuge, a companheira, o companheiro e o filho não emancipado, de qualquer condição, menor de 21 (vinte e um) anos ou inválido ou que tenha deficiência intelectual ou mental ou deficiência grave;

b) os pais; e

c) o irmão não emancipado, de qualquer condição, menor de 21 (vinte e um) anos ou inválido ou que tenha deficiência intelectual ou mental ou deficiência grave.

Passaremos a analisar detidamente cada uma das classes acima indicadas.

7.1. MAIORIDADE CIVIL E DEPENDÊNCIA ECONÔMICA

Com a vigência do Código Civil, em janeiro de 2003, houve a redução da maioridade civil de 21 para 18 anos e, assim, passou-se a questionar a idade máxima no menos para recebimento de benefício previdenciário, como dependente, fixada em 21 anos pelo artigo 16, da Lei 8.213/1991.

De acordo com o Enunciado 3, da I Jornada de Direito Civil promovida pelo Centro de Estudos Judiciários do Conselho da Justiça Federal, que teve como Coordenador-Geral o Ministro Ruy Rosado e Coordenador da Comissão de Trabalho Humberto Theodoro Junior, foi reconhecido que a maioridade civil não interfere na presunção de dependência econômica, até que o dependente atinja 21 anos de idade.

"A redução do limite etário para a definição da capacidade civil aos 18 anos não altera o disposto no art. 16,1, da Lei nº 8.213/91, que regula específica situação de dependência econômica para fins previdenciários e outras situações similares de proteção, previstas em legislação especial."

Nesse sentido a jurisprudência do STJ:

"PROCESSUAL CIVIL. PREVIDENCIÁRIO. BENEFÍCIO DA PENSÃO POR MORTE ATÉ QUE A IMPETRANTE COMPLETE 24 ANOS. PRINCÍPIO DA RAZOABILIDADE.

INCIDÊNCIA DA LEI ESTADUAL Nº 3.150/2005 LIMITADORA DA FAIXA ETÁRIA AOS 18 ANOS PARA PERCEPÇÃO DO BENEFÍCIO PELO DEPENDENTE DO FALECIDO.

INCIDÊNCIA DO ENUNCIADO ADMINISTRATIVO Nº 3 DO STJ.

I - Na origem, trata-se de mandado de segurança objetivando a prorrogação da pensão por morte percebida pela impetrante até a conclusão do ensino superior, ou até completar 24 anos de idade. No Tribunal a quo, negou-se provimento ao recurso interposto por Ageprev. Nesta Corte, deu-se provimento ao recurso especial para denegar a segurança pleiteada.

II - Inicialmente é necessário consignar que o presente recurso atrai a incidência do Enunciado Administrativo nº 3/STJ: "aos recursos interpostos com fundamento no CPC/2015 (relativos a decisões publicadas a partir de 18 de março de 2016) serão exigidos os requisitos de admissibilidade recursal na forma do novo CPC."

III - A Primeira Seção desta Corte Superior, no julgamento do REsp Repetitivo nº 1.369.832/SP, de relatoria do Ministro Arnaldo Esteves Lima, DJe de 12/6/2013 (Tema nº 643/STJ), firmou entendimento no sentido de que não há falar em restabelecimento da pensão por morte ao beneficiário, maior de 21 anos e não inválido, diante da taxatividade da lei previdenciária, porquanto não é dado ao poder judiciário legislar positivamente, usurpando função do poder legislativo. Confira-se: REsp nº 1.369.832/SP, Rel. Ministro Arnaldo Esteves Lima, Primeira Seção, julgado em 12/6/2013, DJe 7/8/2013.

IV - Dessa forma, não há que se falar em prorrogação da pretendida pensão por morte, mormente porque à época do óbito do instituidor do benefício não havia qualquer previsão legal nesse sentido. Na mesma linha: RMS nº 51.452/MS, Rel. Ministro Og Fernandes, Segunda Turma, julgado em 8/8/2017, DJe 17/8/2017; AgRg no REsp nº 1.484.954/MS, Rel. Ministro Mauro Campbell Marques, Segunda Turma, julgado em 24/2/2015, DJe 2/3/2015; REsp nº 1.347.272/MS, Rel. Ministro Herman Benjamin, Segunda Turma, julgado em 18/10/2012, DJe 5/11/2012.

V - Agravo interno improvido".

(STJ, AgInt no REsp 1835186/MS, Rel. Ministro FRANCISCO FALCÃO, SEGUNDA TURMA, julgado em 21/09/2020, DJe 24/09/2020)

7.2. DEPENDENTE MAIOR DE IDADE INVÁLIDO

O artigo 16, I, da Lei 8.213/1991, considera dependente, independentemente da idade, o inválido.

Entretanto, de acordo com o entendimento do STJ, não obstante a presunção do parágrafo 4º, do artigo 16, da Lei 8.213/1991, há presunção relativa da dependência econômica.

Nesse sentido o julgado:

"PREVIDENCIÁRIO. AGRAVO REGIMENTAL NO AGRAVO EM RECURSO ESPECIAL.

PENSÃO POR MORTE. FILHO MAIOR DE 21 ANOS INVÁLIDO. PRETENSÃO DE CUMULAÇÃO DE APOSENTADORIA POR INVALIDEZ COM PENSÃO POR MORTE DEIXADA POR SUA GENITORA. PRESUN-

ÇÃO DE DEPENDÊNCIA ECONÔMICA RELATIVA SUPRIDA POR PROVA EM SENTIDO CONTRÁRIO. REQUISITOS PARA A CONCESSÃO DO BENEFÍCIO NÃO PREENCHIDOS. AGRAVO REGIMENTAL DA SEGURADA A QUE SE NEGA PROVIMENTO.

1. O § 4°. do art. 16 da Lei 8.213/1991 estabelece uma presunção relativa de dependência econômica do filho maior de idade inválido, e, como tal, pode ser elidida por provas em sentido contrário.

2. As instâncias de origem, com base no exame do acervo probatório dos autos, concluíram que não há comprovação de dependência econômica da autora em relação à sua genitora, consignando, inclusive, que a autora recebe proventos de aposentadoria que superam o benefício que faria jus a sua mãe.

3. Não comprovados os requisitos para a concessão do benefício, não merece reparos o acórdão recorrido.

4. Agravo Regimental da Segurada a que se nega provimento."

(STJ, AgRg no AgRg no AREsp 614.421/SP, Rel. Ministro NAPOLEÃO NUNES MAIA FILHO, PRIMEIRA TURMA, julgado em 26/06/2018, DJe 02/08/2018)

De acordo com a jurisprudência do STJ, basta a prova de que a invalidez é anterior ao óbito do segurado, para efeito de recebimento do benefício.

"PROCESSUAL CIVIL. PREVIDENCIÁRIO. PENSÃO POR MORTE. DEPENDENTE.

INVALIDEZ ANTES DA MORTE DO SEGURADO. COMPROVAÇÃO PERÍCIA ESPECIALIZADA. PRETENSÃO DE REEXAME FÁTICO-PROBATÓRIO. INCIDÊNCIA DO ENUNCIADO N° 7 DA SÚMULA DO STJ.

I - Na origem, trata-se de ação ordinária objetivando o restabelecimento de pensão por morte. Na sentença, julgou-se improcedente o pedido inicial. No Tribunal *a quo*, a sentença foi anulada para determinar o retorno dos autos à instância ordinária, a fim de que seja realizada a produção de prova pericial por médico especialista. Nesta Corte, não se conheceu do recurso especial.

II - A jurisprudência desta Corte Superior é pacífica no sentido de que, em se tratando de dependente maior inválido, basta a comprovação de que a invalidez é anterior ao óbito do segurado.

Nesse sentido: (AgInt no REsp n° 1.689.723/RS, Rel. Ministro Sérgio Kukina, Primeira Turma, julgado em 28/11/2017, DJe 5/12/2017 e REsp n° 1.551.150/AL, Rel. Ministro Herman Benjamin, Segunda Turma, julgado em 13/10/2015, DJe 21/3/2016).

III - Desta forma, aplica-se, à espécie, o enunciado da Súmula n° 83/STJ: "Não se conhece do recurso especial pela divergência, quando a orientação do Tribunal se firmou no mesmo sentido da decisão recorrida." Ressalte-se que o teor do referido enunciado aplica-se, inclusive, aos recursos especiais interpostos com fundamento na alínea a do permissivo constitucional.

IV - Verifica-se que a irresignação do recorrente, acerca da comprovação ou não da invalidez, vai de encontro às convicções do julgador *a quo*, que, com lastro no conjunto probatório constante dos autos, decidiu que "não há como precisar se a incapacidade é preexistente ao óbito do instituidor da pensão (20/05/1998), requisito necessário à concessão do benefício pleiteado, razão pela qual se faz necessária a realização de perícia médica judicial (fl. 589)".

V - Dessa forma, para rever tal posição e interpretar os dispositivos legais indicados como violados, seria necessário o reexame desses mesmos elementos fático-probatórios, o que é vedado no âmbito estreito do recurso especial. Incide na hipótese a Súmula n° 7/STJ.

VI - Agravo interno improvido".

(STJ, AgInt nos EDcl no REsp 1806952/PB, Rel. Ministro FRANCISCO FALCÃO, SEGUNDA TURMA, julgado em 24/08/2020, DJe 28/08/2020)

7.3. ESTUDANTE UNIVERSITÁRIO COM MAIS DE 21 ANOS

O STJ, por meio do Tema 643 de recurso repetitivo, firmou entendimento de que não é considerado dependente o estudante maior de 21 anos.

> "Não há falar em restabelecimento da pensão por morte ao beneficiário, maior de 21 anos e não inválido, diante da taxatividade da lei previdenciária, porquanto não é dado ao Poder Judiciário legislar positivamente, usurpando função do Poder Legislativo."

No mesmo sentido, a Súmula 37, da TNU, pela qual "a pensão por morte, devida ao filho até os 21 anos de idade, não se prorroga pela pendência do curso universitário".

7.4. NASCITUROS

De acordo com o artigo 2º, do Código Civil, "a personalidade civil da pessoa começa do nascimento com vida; mas a lei põe a salvo, desde a concepção, os direitos do nascituro".

Ocorre o nascimento com vida quando a criança, separada do corpo da mãe, respira, ainda que venha a falecer em seguida.

Deve-se, de qualquer modo, desfazer-se a unidade biológica, formando dois seres vivos.

Parte minoritária da doutrina reputa necessário seja cortado o cordão umbilical.

A corrente majoritária entende que basta respirar. Assim, respirar é sinônimo de vida.

O Código Civil espanhol exige, para a aquisição de personalidade:

a) forma humana;
b) pelo menos 24hs de vida.

Na França e Holanda exige-se, além do nascimento com vida, a aptidão para viver. Nascendo com vida sua capacidade remontará à concepção.

No Brasil, seguindo exemplo de Portugal, Alemanha e Itália, basta o nascimento com vida, não exigindo sequer que o feto seja viável. Viabilidade é aptidão para a vida, da qual carecem os seres em que faltam órgãos essenciais. Qualquer ser que provenha de mulher, ainda que com deformidades, será pessoa, desde que nasça com vida.

Dispõe o artigo 1.597, II, do Código Civil, que:

> Art. 1.597. Presumem-se concebidos na constância do casamento os filhos:
>
> (...)
>
> II - nascidos nos trezentos dias subsequentes à dissolução da sociedade conjugal, por morte, separação judicial, nulidade e anulação do casamento".

No mesmo sentido, a IN 77, de 22 de janeiro de 2015, em seu artigo 124, prevê:

> "Art. 124. Os nascidos dentro dos trezentos dias subsequentes à dissolução da sociedade conjugal por morte são considerados filhos concebidos na constância do casamento, conforme inciso II do art.1.597 do Código Civil".

Deve ser assegurado, portanto, ao nascituro, o recebimento de benefício previdenciário, desde o nascimento com vida.

7.5. PESSOA DESIGNADA

O artigo 16, IV, da Lei 8.213/1991 previa como dependente "a pessoa designada, menor de 21 (vinte e um) anos ou maior de 60 (sessenta) anos ou inválida."

Referido dispositivo foi revogado pela Lei 9.032, de 28 de janeiro de 1995, o que surgiu discussão acerca de sua aplicação em caso de falecimento após tal data e respeito ao direito adquirido.

A TNU, por meio da Súmula 4, resolveu a questão ao entender que "não há direito adquirido à condição de dependente de pessoa designada, quando o falecimento do segurado deu-se após o advento da Lei 9.032/95".

8. CASAMENTO, UNIÃO ESTÁVEL E FILIAÇÃO

Nos termos do artigo 16, I, da Lei 8.213/1991, com redação dada pela Lei 13.146/2015, são considerados beneficiários da previdência social:

> "Art. 16. São beneficiários do Regime Geral de Previdência Social, na condição de dependentes do segurado:
>
> I - o cônjuge, a companheira, o companheiro e o filho não emancipado, de qualquer condição, menor de 21 (vinte e um) anos ou inválido ou que tenha deficiência intelectual ou mental ou deficiência grave".

8.1. DEPENDENTES POR EQUIPARAÇÃO. FILHO ADOTIVO, ENTEADO E MENOR SOB GUARDA.

8.1.1. FILHO ADOTIVO

Maria Helena Diniz define adoção como

> "Adoção é o ato jurídico solene pelo qual, observados os requisitos legais, alguém estabelece, independentemente de qualquer relação de parentesco consanguíneo ou afim, um vínculo fictício de filiação, trazendo para sua família, na condição de filho, pessoa que, geralmente, lhe é estranha"[4]

Dispõe o artigo 20, do ECA, que:

---

4   DINIZ, Maria Helena. *Curso de direito civil brasileiro.* v. 5. 17ª edição: Saraiva. 2002. p. 416.

"Art. 20. Os filhos, havidos ou não da relação do casamento, ou por adoção, terão os mesmos direitos e qualificações, proibidas quaisquer designações discriminatórias relativas à filiação."

Destarte, resta clara a absoluta impossibilidade de tratamento diverso em relação ao filho adotivo, que possuem os mesmos direitos daqueles consanguíneos e, assim, naturalmente, figuram como dependentes para efeito previdenciário.

8.1.2. ENTEADOS E MENORES SOB GUARDA

O parágrafo 2°, do artigo 16, I, da Lei 8.213/1991, com redação dada pela Lei 9.528/1997, equipara a filho o enteado e o menor tutelado, observado:

a) Comprovação da dependência econômica na forma estabelecida no Decreto 3.048/1999; e
b) Necessidade de declaração do segurado quanto à condição do dependente.

Antes da reforma processada pela Lei 9.528/1997, a dependência por equiparação era ampliada, não se limitando ao enteado e o menor tutelado, mas abrangia

"o menor que, por determinação judicial, esteja sob a sua guarda; e o menor que esteja sob sua tutela e não possua condições suficientes para o próprio sustento e educação."

Contra a reforma legislativa, houve o ajuizamento da ADI 4.878, pelo Procurador-Geral da República e da ADI 5.083 pelo Conselho Federal da Ordem dos Advogados do Brasil, julgadas conjuntamente pelo C. STF, em junho de 2021, assim, ementadas:

"EMENTA: AÇÕES DIRETAS DE INCONSTITUCIONA-LIDADE. JULGAMENTO CONJUNTO. DIREITO CONSTITUCIONAL. DIREITO PREVIDENCIÁRIO. ARTIGO 16, § 2°, DA LEI N° 8.213/1991. REDAÇÃO CONFERIDA

PELA LEI N° 9.528/1997. MENOR SOB GUARDA. PROTEÇÃO PREVIDENCIÁRIA. DOUTRINA DA PROTEÇÃO INTEGRAL. PRINCÍPIO DA PRIORIDADE ABSOLUTA. ART. 227, CRFB. INTERPRETAÇÃO CONFORME, PARA RECONHECER O MENOR SOB GUARDA DEPENDENTE PARA FINS DE CONCESSÃO DE BENEFÍCIO PREVIDENCIÁRIO, DESDE QUE COMPROVADA A DEPENDÊNCIA ECONÔMICA. 1. Julgamento conjunto da ADI n° 4.878 e da ADI n° 5.083, que impugnam o artigo 16, § 2°, da Lei n° 8.213/1991, na redação conferida pela Lei n° 9.528/1997, que retirou o "menor sob guarda" do rol de dependentes para fins de concessão de benefício previdenciário. 2. A Constituição de 1988, no art. 227, estabeleceu novos paradigmas para a disciplina dos direitos de crianças e de adolescentes, no que foi em tudo complementada pelo Estatuto da Criança e do Adolescente (Lei n° 8.069/1990). Adotou-se a doutrina da proteção integral e o princípio da prioridade absoluta, que ressignificam o status protetivo, reconhecendo-se a especial condição de crianças e adolescentes enquanto pessoas em desenvolvimento. 3. Embora o "menor sob guarda" tenha sido excluído do rol de dependentes da legislação previdenciária pela alteração promovida pela Lei n° 9.528/1997, ele ainda figura no comando contido no art. 33, § 3°, do Estatuto da Criança e do Adolescente (Lei n° 8.069/1990), que assegura que a guarda confere à criança ou adolescente a condição de dependente, para todos os fins e direitos, inclusive previdenciários. 4. O deferimento judicial da guarda, seja nas hipóteses do art. 1.584, § 5°, do Código Civil (Lei n° 10.406/2002); seja nos casos do art. 33, do Estatuto da Criança e do Adolescente (Lei n° 8.069/1990), deve observar as formalidades legais, inclusive a intervenção obrigatória do Ministério Público. A fiel observância dos requisitos legais evita a ocorrência de fraudes, que devem ser combatidas sem impedir o acesso de crianças e de adolescentes a seus direitos previdenciários. 5. A interpretação constitucionalmente adequada é a que assegura ao "menor sob guarda" o direito à proteção previdenciária, porque assim dispõe o Estatuto da Criança e do Adolescente e também porque direitos fundamentais devem observar o princípio da máxima eficácia. Prevalência do compromisso constitucional contido no art. 227, § 3º, VI, CRFB. 6. ADI 4.878 julgada procedente e ADI 5.083 julgada parcialmente procedente para conferir interpretação conforme ao § 2º do art. 16, da Lei nº 8.213/1991, para contemplar, em seu âmbito de proteção, o "menor sob guarda", na categoria de dependentes do Regime Geral de Previdência Social, em consonância com o princípio da proteção integral e da prioridade absoluta, nos termos do art. 227 da Constituição da República, desde que comprovada a dependência econômica, nos termos em que exige a legislação previdenciária (art. 16, § 2º, Lei 8.213/1991 e Decreto 3.048/1999)".

(STF, ADI 4.878, Relator(a): GILMAR MENDES, Relator(a) p/ Acórdão: EDSON FACHIN, Tribunal Pleno, julgado em 08/06/2021, PROCESSO ELETRÔNICO DJe-157 DIVULG 05-08-2021 PUBLIC 06-08-2021)

Portanto, o C. STF reconheceu a inconstitucionalidade da alteração legislativa e concedeu interpretação conforme ao parágrafo 2º, do artigo 16, da Lei 8.213/1991, para incluir no âmbito de proteção da norma o menor sob guarda, como dependente do Regime Geral de Previdência Social, com fundamento no princípio da proteção integral e da prioridade absoluta, de acordo com o artigo 227, da Constituição Federal, desde que comprovada a dependência econômica, nos termos da legislação previdenciária.

§ 4º A dependência econômica das pessoas indicadas no inciso I é presumida e a das demais deve ser comprovada.

8.2. CÔNJUGES E COMPANHEIROS

O parágrafo 3º, do artigo 16, da Lei 8.213/1991, estipula que

"§ 3º Considera-se companheira ou companheiro a pessoa que, sem ser casada, mantém união estável com o segurado ou com a segurada, de acordo com o § 3º do art. 226 da Constituição Federal."

O STF possui entendimento de que não era possível a extensão automática do direito ao recebimento de pensão ao viúvo em razão do falecimento da esposa.

Nesse sentido o julgado:

> "EMENTA: CONSTITUCIONAL. PREVIDENCIÁRIO. PENSÃO: EXTENSÃO AO VIÚVO. PRINCÍPIO DA IGUALDADE. NECESSIDADE DE LEI ESPECÍFICA. I- A extensão automática da pensão ao viúvo, em decorrência do falecimento da esposa-segurada, assim considerado aquele como dependente desta, exige lei específica, tendo em vista as disposições constitucionais inscritas no art. 195, *caput*, e seu § 5º, e no art. 201, V, da Constituição Federal. II. - Agravo Regimental improvido."
>
> (STF, AI 538673 AgR, Relator(a): RICARDO LEWANDOWSKI, Primeira Turma, julgado em 22/05/2007, DJe-047 DIVULG 28-06-2007 PUBLIC 29-06-2007 DJ 29-06-2007 PP-00040 EMENT VOL-02282-17 PP-03548 RT v. 96, nº 866, 2007, p. 120-122).

A partir de 2015 o STF mudou o entendimento para, em decorrência do princípio da isonomia, estender o direito de forma automática ao viúvo.

> "Ementa: PREVIDENCIÁRIO E CONSTITUCIONAL. AGRAVO REGIMENTAL NA AÇÃO RESCISÓRIA. ART. 485, V, DO CPC. SERVIDORA PÚBLICA. ESTADO DE MINAS GERAIS. FALECIMENTO. PENSÃO POR MORTE. CÔNJUGE VARÃO. EXIGIBILIDADE DE COMPROVAÇÃO DA INVALIDEZ. INCONSTITUCIONALIDADE. VIOLAÇÃO AO PRINCÍPIO DA ISONOMIA. PRECEDENTE DO TRIBUNAL PLENO. 1. O Plenário do Supremo Tribunal Federal assentou a orientação de que a legislação de Minas Gerais, ao exigir do cônjuge varão a comprovação da condição de invalidez para a percepção da pensão por morte deixada por sua esposa, violou o princípio da isonomia (RE 385.397-AgR, Rel. Min. SEPÚLVEDA PERTENCE, Tribunal

Pleno, DJe de 6/9/2007). 2. Agravo regimental a que se nega provimento".

(STF, AR 1.891 AgR-segundo, Relator(a): TEORI ZAVASCKI, Tribunal Pleno, julgado em 07/10/2015, ACÓRDÃO ELE-TRÔNICO DJe-214 DIVULG 26-10-2015 PUBLIC 27-10-2015)

§ 4° A dependência econômica das pessoas indicadas no inciso I é presumida e a das demais deve ser comprovada.

§ 5° A prova de união estável e de dependência econômica exigem início de prova material contemporânea dos fatos, não admitida a prova exclusivamente testemunhal, exceto na ocorrência de motivo de força maior e ou caso fortuito, conforme disposto no Regulamento. (Incluído pela Medida Provisória n° 871, de 2019)

§ 5° As provas de união estável e de dependência econômica exigem início de prova material contemporânea dos fatos, produzido em período não superior a 24 (vinte e quatro) meses anterior à data do óbito ou do recolhimento à prisão do segurado, não admitida a prova exclusivamente testemunhal, exceto na ocorrência de motivo de força maior ou caso fortuito, conforme disposto no regulamento. (Incluído pela Lei n° 13.846, de 2019)

§ 6° Na hipótese da alínea *c* do inciso V do § 2° do art. 77 desta Lei, a par da exigência do § 5° deste artigo, deverá ser apresentado, ainda, início de prova material que comprove união estável por pelo menos 2 (dois) anos antes do óbito do segurado. (Incluído pela Lei n° 13.846, de 2019)

8.2.1. UNIÃO HOMOAFETIVA

Não obstante o artigo 226, § 3°, da CF/1998 reconheça a união estável entre o homem e a mulher, sendo reproduzido pelo artigo 1.723, do Código Civil, o STJ, em 2005, nos autos do REsp 395.904, estendeu o direito ao recebimento de pensão por morte ao companheiro supérstite, em relacionamento homoafetivo.

"RECURSO ESPECIAL. DIREITO PREVIDENCIÁRIO. PENSÃO POR MORTE. RELACIONAMENTO HO-MOAFETIVO. POSSIBILIDADE DE CONCESSÃO DO BENEFÍCIO. MINISTÉRIO PÚBLICO. PARTE LEGÍTIMA.

1 - A teor do disposto no art. 127 da Constituição Federal, "O Ministério Público é instituição permanente, essencial à função jurisdicional do Estado, incumbindo-lhe a defesa da ordem jurídica, do regime democrático de direito e dos interesses sociais e individuais indisponíveis." *In casu*, ocorre reivindicação de pessoa, em prol de tratamento igualitário quanto a direitos fundamentais, o que induz à legitimidade do Ministério Público, para intervir no processo, como o fez.

2 - No tocante à violação ao artigo 535 do Código de Processo Civil, uma vez admitida a intervenção ministerial, quadra assinalar que o acórdão embargado não possui vício algum a ser sanado por meio de embargos de declaração; os embargos interpostos, em verdade, sutilmente se aprestam a rediscutir questões apreciadas no v. acórdão; não cabendo, todavia, redecidir, nessa trilha, quando é da índole do recurso apenas reexprimir, no dizer peculiar de PONTES DE MIRANDA, que a jurisprudência consagra, arredando, sistematicamente, embargos declaratórios, com feição, mesmo dissimulada, de infringentes.

3 - A pensão por morte é: "o benefício previdenciário devido ao conjunto dos dependentes do segurado falecido – a chamada família previdenciária – no exercício de sua atividade ou não (neste caso, desde que mantida a qualidade de segurado), ou, ainda, quando ele já se encontrava em percepção de aposentadoria. O benefício é uma prestação previdenciária continuada, de caráter substitutivo, destinado a suprir, ou pelo menos, a minimizar a falta daqueles que proviam as necessidades econômicas dos dependentes." (Rocha, Daniel Machado da, Comentários à lei de benefícios da previdência social/Daniel Machado da Rocha, José Paulo Baltazar Júnior. 4. ed. Porto Alegre: Livraria do Advogado Editora: Esmafe, 2004. p. 251).

4 - Em que pesem as alegações do recorrente quanto à violação do art. 226, § 3°, da Constituição Federal, convém mencionar que a ofensa a artigo da Constituição Federal não pode ser analisada por este Sodalício, na medida em que tal mister é atribuição exclusiva do Pretório Excelso. Somente por amor ao debate, porém, de tal preceito não depende, obrigatoriamente, o desate da lide, eis que não diz respeito ao âmbito previdenciário, inserindo-se no capítulo? Da Família? Face a essa visualização, a aplicação do direito à espécie se fará à luz de diversos preceitos constitucionais, não apenas do art. 226, § 3° da Constituição Federal, levando a que, em seguida, se possa aplicar o direito ao caso em análise.

5 - Diante do § 3° do art. 16 da Lei n° 8.213/91, verifica-se que o que o legislador pretendeu foi, em verdade, ali gizar o conceito de entidade familiar, a partir do modelo da união estável, com vista ao direito previdenciário, sem exclusão, porém, da relação homoafetiva.

6- Por ser a pensão por morte um benefício previdenciário, que visa suprir as necessidades básicas dos dependentes do segurado, no sentido de lhes assegurar a subsistência, há que interpretar os respectivos preceitos partindo da própria Carta Política de 1988 que, assim estabeleceu, em comando específico: "Art. 201- Os planos de previdência social, mediante contribuição, atenderão, nos termos da lei, a: [...] V - pensão por morte de segurado, homem ou mulher, ao cônjuge ou companheiro e dependentes, obedecido o disposto no § 2°''

7 - Não houve, pois, de parte do constituinte, exclusão dos relacionamentos homoafetivos, com vista à produção de efeitos no campo do direito previdenciário, configurando-se mera lacuna, que deverá ser preenchida a partir de outras fontes do direito.

8 - Outrossim, o próprio INSS, tratando da matéria, regulou, através da Instrução Normativa n° 25 de 07/06/2000, os procedimentos com vista à concessão de benefício ao companheiro ou companheira homossexual, para atender a determinação judicial expedida pela juíza Simone Barbasin Fortes, da Terceira Vara Previdenciária de Porto Alegre, ao deferir medida liminar na Ação Civil Pública n° 2000.71.00.009347-0, com eficácia

erga omnes. Mais do que razoável, pois, estender-se tal orientação, para alcançar situações idênticas, merecedoras do mesmo tratamento.

9 - Recurso Especial não provido".

(STJ, REsp 395.904/RS, Rel. Ministro HÉLIO QUAGLIA BARBOSA, SEXTA TURMA, julgado em 13/12/2005, DJ 06/02/2006, p. 365)

Em 2011, o STF, nos autos da ADPF 132, resolveu de forma definitiva a questão, ao atribuir interpretação conforme ao artigo 1.723, do Código Civil, para excluir da norma qualquer significado impeditivo do reconhecimento da união entre pessoas do mesmo sexo como família.

> "Ementa: 1. ARGUIÇÃO DE DESCUMPRIMENTO DE PRECEITO FUNDAMENTAL (ADPF). PERDA PARCIAL DE OBJETO. RECEBIMENTO, NA PARTE REMANESCENTE, COMO AÇÃO DIRETA DE INCONSTITUCIONALIDADE. UNIÃO HOMOAFETIVA E SEU RECONHECIMENTO COMO INSTITUTO JURÍDICO. CONVERGÊNCIA DE OBJETOS ENTRE AÇÕES DE NATUREZA ABSTRATA. JULGAMENTO CONJUNTO. Encampação dos fundamentos da ADPF nº 132-RJ pela ADI nº 4.277-DF, com a finalidade de conferir "interpretação conforme à Constituição" ao art. 1.723 do Código Civil. Atendimento das condições da ação. 2. PROIBIÇÃO DE DISCRIMINAÇÃO DAS PESSOAS EM RAZÃO DO SEXO, SEJA NO PLANO DA DICOTOMIA HOMEM/MULHER (GÊNERO), SEJA NO PLANO DA ORIENTAÇÃO SEXUAL DE CADA QUAL DELES. A PROIBIÇÃO DO PRECONCEITO COMO CAPÍTULO DO CONSTITUCIONALISMO FRATERNAL. HOMENAGEM AO PLURALISMO COMO VALOR SÓCIO-POLÍTICO-CULTURAL. LIBERDADE PARA DISPOR DA PRÓPRIA SEXUALIDADE, INSERIDA NA CATEGORIA DOS DIREITOS FUNDAMENTAIS DO INDIVÍDUO, EXPRESSÃO QUE É DA AUTONOMIA DE VONTADE. DIREITO À INTIMIDADE E À VIDA PRI-

VADA. CLÁUSULA PÉTREA. O sexo das pessoas, salvo disposição constitucional expressa ou implícita em sentido contrário, não se presta como fator de desigualação jurídica. Proibição de preconceito, à luz do inciso IV do art. 3º da Constituição Federal, por colidir frontalmente com o objetivo constitucional de "promover o bem de todos". Silêncio normativo da Carta Magna a respeito do concreto uso do sexo dos indivíduos como saque da kelseniana "norma geral negativa", segundo a qual "o que não estiver juridicamente proibido, ou obrigado, está juridicamente permitido". Reconhecimento do direito à preferência sexual como direta emanação do princípio da "dignidade da pessoa humana": direito a autoestima no mais elevado ponto da consciência do indivíduo. Direito à busca da felicidade. Salto normativo da proibição do preconceito para a proclamação do direito à liberdade sexual. O concreto uso da sexualidade faz parte da autonomia da vontade das pessoas naturais. Empírico uso da sexualidade nos planos da intimidade e da privacidade constitucionalmente tuteladas. Autonomia da vontade. Cláusula pétrea. 3. TRATAMENTO CONSTITUCIONAL DA INSTITUIÇÃO DA FAMÍLIA. RECONHECIMENTO DE QUE A CONSTITUIÇÃO FEDERAL NÃO EMPRESTA AO SUBSTANTIVO "FAMÍLIA" NENHUM SIGNIFICADO ORTODOXO OU DA PRÓPRIA TÉCNICA JURÍDICA. A FAMÍLIA COMO CATEGORIA SÓCIO-CULTURAL E PRINCÍPIO ESPIRITUAL. DIREITO SUBJETIVO DE CONSTITUIR FAMÍLIA. INTERPRETAÇÃO NÃO-REDUCIONISTA. O *caput* do art. 226 confere à família, base da sociedade, especial proteção do Estado. Ênfase constitucional à instituição da família. Família em seu coloquial ou proverbial significado de núcleo doméstico, pouco importando se formal ou informalmente constituída, ou se integrada por casais heteroafetivos ou por pares homoafetivos. A Constituição de 1988, ao utilizar-se da expressão "família", não limita sua formação a casais heteroafetivos nem a formalidade cartorária, celebração civil ou liturgia religiosa. Família como instituição privada que, voluntariamente constituída entre pessoas adultas, mantém com o Estado e a sociedade civil uma necessária relação tricotômica. Núcleo familiar que é o principal lócus institucional de concreção dos direitos fundamentais que a própria Constituição designa por "intimidade e vida privada" (inciso X do art. 5º). Isonomia entre casais heteroafetivos e pares homoafetivos que somente ganha plenitude de sentido se desembocar no igual direito subjetivo à formação de uma autonomizada família. Família como figura central ou continente, de que tudo o mais é conteúdo. Imperiosidade da interpretação não-reducionista do conceito de família como instituição que também se forma por vias distintas do casamento civil. Avanço da Constituição Federal de 1988 no plano dos costumes. Caminhada na direção do pluralismo como categoria sócio-político-cultural. Competência do Supremo Tribunal Federal para manter, interpretativamente, o Texto Magno na posse do seu fundamental atributo da coerência, o que passa pela eliminação de preconceito quanto à orientação sexual das pessoas. 4. UNIÃO ESTÁVEL. NORMAÇÃO CONSTITUCIONAL REFERIDA A HOMEM E MULHER, MAS APENAS PARA ESPECIAL PROTEÇÃO DESTA ÚLTIMA. FOCADO PROPÓSITO CONSTITUCIONAL DE ESTABELECER RELAÇÕES JURÍDICAS HORIZONTAIS OU SEM HIERARQUIA ENTRE AS DUAS TIPOLOGIAS DO GÊNERO HUMANO. IDENTIDADE CONSTITUCIONAL DOS CONCEITOS DE "ENTIDADE FAMILIAR" E "FAMÍLIA". A referência constitucional à dualidade básica homem/mulher, no § 3º do seu art. 226, deve-se ao centrado intuito de não se perder a menor oportunidade para favorecer relações jurídicas horizontais ou sem hierarquia no âmbito das sociedades domésticas. Reforço normativo a um mais eficiente combate à renitência patriarcal dos costumes brasileiros. Impossibilidade de uso da letra da Constituição para ressuscitar o art. 175 da Carta de 1967/1969. Não há como fazer rolar a cabeça do art. 226 no patíbulo do seu parágrafo terceiro. Dispositivo que, ao utilizar da terminologia "entidade familiar", não pretendeu diferenciá-la da "família". Inexistência de hierarquia ou diferença de qualidade jurídica entre as duas formas de constituição de um novo e autonomizado núcleo doméstico. Emprego do fraseado "entidade familiar" como sinônimo perfeito de família. A Constituição não interdita a formação de família por pessoas do mesmo sexo. Consagração do juízo de que não se proíbe nada a ninguém senão em face de um direito ou de proteção de um legítimo interesse de outrem, ou de toda a sociedade, o que não se dá na hipótese sub judice. Inexistência do direito dos indivíduos heteroafetivos à sua não-equiparação jurídica com os indivíduos homoafetivos. Aplicabilidade do § 2° do art. 5° da Constituição Federal, a evidenciar que outros direitos e garantias, não expressamente listados na Constituição, emergem "do regime e dos princípios por ela adotados", *verbis:* "Os direitos e garantias expressos nesta Constituição não excluem outros decorrentes do regime e dos princípios por ela adotados, ou dos tratados internacionais em que a República Federativa do Brasil seja parte". 5. DIVERGÊNCIAS LATERAIS QUANTO À FUNDAMENTAÇÃO DO ACÓRDÃO. Anotação de que os Ministros Ricardo Lewandowski, Gilmar Mendes e Cezar Peluso convergiram no particular entendimento da impossibilidade de ortodoxo enquadramento da união homoafetiva nas espécies de família constitucionalmente estabelecidas. Sem embargo, reconheceram a união entre parceiros do mesmo sexo como uma nova forma de entidade familiar. Matéria aberta à conformação legislativa, sem prejuízo do reconhecimento da imediata auto-aplicabilidade da Constituição. 6. INTERPRETAÇÃO DO ART. 1.723 DO CÓDIGO CIVIL EM CONFORMIDADE COM A CONSTITUIÇÃO FEDERAL (TÉCNICA DA "INTERPRETAÇÃO CONFORME"). RECONHECIMENTO DA UNIÃO HOMOAFETIVA COMO FAMÍLIA. PROCEDÊNCIA DAS AÇÕES. Ante a possibilidade de interpretação em sentido preconceituoso ou discriminatório do art. 1.723 do Código Civil, não resolúvel à luz dele próprio, faz-se necessária a utilização da técnica de "interpretação conforme à Constituição". Isso para excluir do dispositivo em causa qualquer significado que impeça o reconhecimento da união contínua, pública e duradoura entre pessoas do mesmo sexo como família. Reconhecimento que é de ser feito segundo as mesmas regras e com as mesmas consequências da união estável heteroafetiva".

(STF, ADPF 132, Relator(a): AYRES BRITTO, Tribunal Pleno, julgado em 05/05/2011, DJe-198 DIVULG 13-10-2011 PUBLIC 14-10-2011 EMENT VOL-02607-01 PP-00001)

Finalmente, no RE 646.721, com repercussão geral, foi firmada a seguinte o tema 498 que reputou inconstitucional a distinção de regimes sucessórios entre cônjuges e companheiros.

> "Ementa: Direito constitucional e civil. Recurso extraordinário. Repercussão geral. Aplicação do artigo 1.790 do Código Civil à sucessão em união estável homoafetiva. Inconstitucionalidade da distinção de regime sucessório entre cônjuges e companheiros. 1. A Constituição brasileira contempla diferentes formas de família legítima, além da que resulta do casamento. Nesse rol incluem-se as famílias formadas mediante união estável, hétero ou homoafetivas. O STF já reconheceu a "inexistência de hierarquia ou diferença de qualidade jurídica entre as duas formas de constituição de um novo e autonomizado núcleo doméstico", aplicando-se a união estável entre pessoas do mesmo sexo as mesmas regras e mesas consequências da união estável heteroafetiva (ADI 4.277 e ADPF 132, Rel. Min. Ayres Britto, j. 05.05.2011) 2. Não é legítimo desequiparar, para fins sucessórios, os cônjuges e os companheiros, isto é, a família formada pelo casamento e a formada por união estável. Tal hierarquização entre entidades familiares é incompatível com a Constituição de 1988. Assim sendo, o art. 1.790 do Código Civil, ao revogar as Leis nº 8.971/1994 e nº 9.278/1996 e discriminar a companheira (ou o companheiro), dando-lhe direitos sucessórios bem inferiores aos conferidos à esposa (ou ao marido), entra em contraste com os princípios da igualdade, da dignidade humana, da proporcionalidade como vedação à proteção deficiente e da vedação do retrocesso. 3. Com a finalidade de preservar a segurança jurídica, o entendimento ora firmado é aplicável apenas aos inventários judiciais em que não tenha havido trânsito em julgado da sentença de partilha e às partilhas extrajudiciais em que ainda não haja escritura pública. 4. Provimento do recurso extraordinário. Afirmação, em repercussão geral, da seguinte tese".

> (RE 646.721, Relator(a): MARCO AURÉLIO, Relator(a) p/ Acórdão: ROBERTO BARROSO, Tribunal Pleno, julgado em 10/05/2017, ACÓRDÃO ELETRÔNICO REPERCUSSÃO GERAL – MÉRITO DJe-204 DIVULG 08-09-2017 PUBLIC 11-09-2017)

Destarte, no ordenamento jurídico pátrio há pleno reconhecimento das relações homoafetivas, com absoluta isonomia em relação à família heteroafetiva e, assim, não podem aquelas ser excluídas do rol de dependentes para efeito previdenciário.

Nesse sentido, o parágrafo 6°, do artigo 16, do Decreto 3.048/1999, com redação dada pelo Decreto 10.410/2020, prevê:

> "§ 6° Considera-se união estável aquela configurada na convivência pública, contínua e duradoura entre pessoas, estabelecida com intenção de constituição de família, observado o disposto no § 1° do art. 1.723 da Lei n° 10.406, de 2002 – Código Civil, desde que comprovado o vínculo na forma estabelecida no § 3° do art. 22".

Assim, em consonância com a jurisprudência dos Tribunais Superiores, considera a norma união estável aquela ocorrida em pessoas.

8.2.2. DA UNIÃO ESTÁVEL E SEUS REQUISITOS

Dispõem os parágrafos 6° e 7°, do artigo 16, da Lei 8.213/1991, que:

> "§ 5° As provas de união estável e de dependência econômica exigem início de prova material contemporânea dos fatos, produzido em período não superior a 24 (vinte e quatro) meses anterior à data do óbito ou do recolhimento à prisão do segurado, não admitida a prova exclusivamente testemunhal, exceto na ocorrência de motivo de força maior ou caso fortuito, conforme disposto no regulamento.
>
> § 6° Na hipótese da alínea *c* do inciso V do § 2° do art. 77 desta Lei, a par da exigência do § 5° deste artigo, deverá ser apresentado, ainda, início de prova material que comprove união estável por pelo menos 2 (dois) anos antes do óbito do segurado."

Considera-se união estável, de acordo com o artigo 1.723, do Código Covil, como a "entidade familiar a união estável entre o homem e a mulher, configurada na convivência pública, contínua e duradoura e estabelecida com o objetivo de constituição de família".

Portanto, são requisitos para a caracterização da união estável:

a) convivência *more uxorio*
Segundo Zeno Veloso,

> "essa entidade familiar decorre desse fato, da aparência de casamento, e essa aparência é o elemento objetivo da relação, a mostra, o sinal exterior, a fachada, o fator de demonstração inequívoca da constituição de uma família"[5]

O STF, por meio da Súmula 382, firmou entendimento de que para a caracterização da união estável, não há necessidade de coabitação.

Assim. Segundo a Suprema Corte, "a vida em comum sob o mesmo teto, *more uxorio*, não é indispensável à caracterização do concubinato."

Não obstante o entendimento sumulado acima indicado, em diversos julgados o C. STJ o afasta, para reputar necessária a prova da coabitação.

Nesse sentido a decisão:

> "ADMINISTRATIVO E PROCESSUAL CIVIL. SUPOSTA OFENSA AO ART. 398 DO CPC/2015. AUSÊNCIA DE PREQUESTIONAMENTO. SÚMULA 211/STJ. SERVIDOR PÚBLICO. PENSÃO CAUSA MORTIS. COMPROVAÇÃO DE UNIÃO ESTÁVEL. JULGAMENTO ANTECIPADO DA LIDE. CERCEAMENTO DE DEFESA. SÚMULA 7/. STJ.

> 1. O Tribunal a quo não emitiu juízo de valor sobre o art. 398 do CPC/1973. O Superior Tribunal de Justiça entende ser inviável o conhecimento do Recurso Especial quando os artigos tidos por violados não foram apreciados pelo Tribunal a quo, a

---

5   VELOSO, Zeno. *Código Civil Comentado*. V. XVII. Atlas: São Paulo. 2002. p. 115."

despeito da oposição de Embargos de Declaração, haja vista a ausência do requisito do prequestionamento. Incide, na espécie, a Súmula 211/STJ.

2. Hipótese em que o Tribunal de origem entendeu que "própria autora reconhece que houve uma cessação na alegada união estável entre ela e o de cujus, quando este se casou, em 1981. De outro lado, o fato de o servidor possuir a condição de casado não impediria o reconhecimento do direito caso tivesse restado comprovado que o caso é de separação de fato. Nunca de relação amorosa fora do casamento, e o apelo da autora reconhece que a união era concomitante ao casamento, embora chame a esposa de "a outra", já que veio depois. Fosse pouco, não foi acostado aos autos um documento sequer capaz de demonstrar a existência e a natureza do relacionamento entre a autora e o falecido servidor (quer antes ou depois do casamento dele com a segunda ré). **Aliás, a autora nem sequer se deu ao trabalho de juntar as cópias dos depoimentos das testemunhas ouvidas na audiência de justificação. Causa estranheza que, se, conforme afirmou a autora na inicial da justificação, ela viveu em união estável com o de cujus desde 1972 (e ele faleceu em 1998), <u>não haja um documento sequer capaz de comprovar a coabitação com o falecido servidor, contas comuns, despesas comuns, ou algo do tipo.</u> Assim, diante da ausência de mínimo de prova documental, deve ser afastada a alegação de cerceamento de defesa.** Foi oportunizada à autora a possibilidade de postular outras provas, e, conforme fl. 89, ela apenas pediu a inversão do ônus da prova e a inútil juntada do feito administrativo. Eventuais documentos deveriam ter sido apresentados junto com a inicial, conforme exige o art. 283 do CPC, ou até depois, voluntariamente; de resto, a prova exclusivamente testemunhal seria muito pouco para comprovar uma união, nos termos do art. 1.723 do Código Civil, que teria durado mais de 20 anos" (fls. 222-223, e-STJ).

3. "O Superior Tribunal de Justiça entende que não configura cerceamento de defesa o julgamento da causa, com o julgamento antecipado da lide, quando o Tribunal de origem entender substancialmente instruído o feito, declarando a prescindibilidade de produção probatória, por se tratar de matéria eminente-

mente de direito ou de fato já provado documentalmente" (STJ, AgInt no AgInt nos EDcl no AREsp 850.552/PR, Rel. Ministro Raul Araújo, Quarta Turma, DJe de 19/5/2017).

4. Tem-se, portanto, que a instância ordinária entendeu ser o conjunto probatório constante dos autos suficiente para o julgamento da lide. Para uma análise em sentido contrário que leve à modificação do julgado, revela-se indispensável a reapreciação do conjunto probatório existente no processo, o que é vedado em Recurso Especial, em virtude do preceituado na Súmula 7/STJ: "A pretensão de simples reexame de provas não enseja recurso especial".

5. Agravo em Recurso Especial não provido."

(STJ, AREsp 1182397/RJ, Rel. Ministro HERMAN BENJAMIN, SEGUNDA TURMA, julgado em 21/11/2017, DJe 19/12/2017, g.n.)

Permissa venia do entendimento do C. STJ, há possibilidade de a união estável ser reconhecida, ainda que não haja coabitação entre os seus membros, seja em razão da ausência de previsão de tal requisito no artigo 1.723, do Código Civil, seja pela plena possibilidade da existência de *affectio societatis*, em razão da forma procedem, como efetiva família.

Nesse sentido brilhante lição de Carlos Roberto Gonçalves:

> "Pode acontecer, todavia, que os companheiros, excepcionalmente, não convivam sob o mesmo teto por motivo justificável, ou seja, por necessidade profissional ou contingência pessoal ou familiar. Nesse caso, desde que, apesar do distanciamento físico, haja entre eles a *affectio societatis*, a efetiva convivência, representada por encontros frequentes, mútua assistência e vida social comum, não há como se negar a existência da entidade familiar."[6]

---

6   GONÇALVES, Carlos Roberto. *Direito Civil Brasileiro*. Vol. 6 – Direito de Família. 17ª edição. Saraiva: São Paulo. 2020. p. 623.

No mesmo sentido Zeno Veloso:

> "se o casal, mesmo morando em locais diferentes, assumiu uma relação afetiva, se o homem e a mulher estão imbuídos do ânimo firme de constituir família, se estão na posse do estado de casados, e se o círculo social daquele par, pelo comportamento e atitudes que os dois adotam, reconhece ali uma situação com aparência de casamento, tem-se de admitir a existência de união estável"[7]

b) *affectio maritalis*

Considera-se requisito para a caracterizada da união estável, segundo Carlos Roberto Gonçalves, "o elemento espiritual caracterizado pelo ânimo, a intenção, o firme propósito de constituir uma família, enfim, a *affectio maritalis*"[8].

E completa o grande civilista:

> "O requisito em apreço exige a efetiva constituição de família, não bastando para a configuração da união estável o simples animus, o objetivo de constituí-la, "já que, se assim não fosse, o mero namoro ou noivado, em que há somente o objetivo de formação familiar, seria equiparado à união estável"[9]

c) notoriedade

Exige o artigo 1.723, do Código Civil, que para a existência de união estável, deve a relação ser notória, ou seja, conhecida no meio social dos conviventes, não podendo ser a relação sigilosa ou oculta.

Nesse sentido decidiu a 8ª Câmara Cível do Tribunal de Justiça do Rio Grande do Sul, ao não reconhecer a união estável entre um padre da Igreja Católica, falecido em 2007 e uma mulher com quem ele se relacionou afetivamente.

---

7   op. cit. p. 114.
8   *Op. cit*. p. 624.
9   *Ibidem.*

A sentença julgou improcedente o pedido e, em apelação, a autora afirmou que o padre preferiu manter o relacionamento em segredo, para poder manter sua profissão.

O relator, Desembargador Claudir Fidélis Faccenda, negou provimento ao recurso, pois

> "Particularmente, para este relator, a condição de sacerdote não seria empecilho para o reconhecimento da existência da união estável (...)"

> (...)

> "Essencial, porém, para o reconhecimento da união estável, mesmo que paralela, a presença dos requisitos legais, convivência pública contínua e com o objetivo de constituir família"[10]

Fundamentou, ainda, que

> "mesmo após a aposentadoria, quando, em tese, poderia ter se afastado da diocese ou da vida eclesiástica para então dedicar-se exclusivamente à sua vida pessoal, especialmente para colocar em prática aos projetos e as promessas românticas que expressou em suas correspondências enviadas à recorrente, optou por continuar prestando o trabalho eclesiástico junto à comunidade, dando mostras, definitivamente, que em primeiro lugar estava o seu trabalho e não o projeto de construir família com a autora"[11]

d) convivência contínua e duradoura

A Lei 8.971/1994 exigia prazo de cinco anos ou existência de prole, para a configuração da união estável.

A Lei 9.278/1996 não fez menção ao prazo, tendo determinado exigido "a convivência duradoura, pública e contínua, de um homem e uma mulher, estabelecida com objetivo de constituição de família", no que foi repetida pelo Código Civil.

---

10 https://www.tjrs.jus.br/novo/noticia/noticia-legado-7702/, acesso em 22/02/2022.

11 https://www.tjrs.jus.br/novo/noticia/noticia-legado-7702/, acesso em 22/02/2022.

Assim, não há mais fixação de prazo para a caracterização da união estável, cabendo ao juiz, no caso concreto, decidir pela sua existência ou não.

O STJ, em recente julgado, fundamentou que, não obstante, não tenha o ordenamento jurídico fixado prazo para sua constituição, deve a união perdurar por tempo suficiente para demonstra a intenção de constituir uma família.

> "RECURSO ESPECIAL. CIVIL. FAMÍLIA. RECONHECIMENTO DE UNIÃO ESTÁVEL POS MORTEM. ENTIDADE FAMILIAR QUE SE CARACTERIZA PELA CONVIVÊNCIA PÚBLICA, CONTÍNUA, DURADOURA E COM OBJETIVO DE CONSTITUIR FAMÍLIA (ANIMUS FAMILIAE). DOIS MESES DE RELACIONAMENTO, SENDO DUAS SEMANAS DE COABITAÇÃO. TEMPO INSUFICIENTE PARA SE DEMONSTRAR A ESTABILIDADE NECESSÁRIA PARA RECONHECIMENTO DA UNIÃO DE FATO.
>
> 1. O Código Civil definiu a união estável como entidade familiar entre o homem e a mulher, "configurada na convivência pública, contínua e duradoura e estabelecida com o objetivo de constituição de família" (art. 1.723).
>
> 2. Em relação à exigência de estabilidade para configuração da união estável, apesar de não haver previsão de um prazo mínimo, exige a norma que a convivência seja duradoura, em período suficiente a demonstrar a intenção de constituir família, permitindo que se dividam alegrias e tristezas, que se compartilhem dificuldades e projetos de vida, sendo necessário um tempo razoável de relacionamento.
>
> 3. Na hipótese, o relacionamento do casal teve um tempo muito exíguo de duração – apenas dois meses de namoro, sendo duas semanas em coabitação –, que não permite a configuração da estabilidade necessária para o reconhecimento da união estável. Esta nasce de um ato-fato jurídico: a convivência duradou-

ra com intuito de constituir família. Portanto, não há falar em comunhão de vidas entre duas pessoas, no sentido material e imaterial, numa relação de apenas duas semanas.

4. Recurso especial provido".

(STJ, REsp 1.761.887/MS, Rel. Ministro LUIS FELIPE SALOMÃO, QUARTA TURMA, julgado em 06/08/2019, DJe 24/09/2019)

Por não ter o Código Civil fixado prazo para a caracterização da união estável, tem-se pela inaplicabilidade do parágrafo 7º, do artigo 16, da Lei 8.213/1991, que determina a necessidade de "início de prova material que comprove união estável por pelo menos 2 (dois) anos antes do óbito do segurado."

Segundo Carlos Alberto Pereira de Castro e João Batista Lazzari

> "a exigência dos dois anos de relacionamento para continuidade do recebimento da pensão por morte representa um obstáculo ilegítimo, pois cria uma presunção de fraude contra os cônjuges e companheiros e, portanto, não pode ser acolhida como norma válida. Deveria prevalecer apenas a regra contida na Lei nº 13.135/2015, que prevê a perda do direito à pensão caso comprovada, a qualquer tempo, simulação ou fraude no casamento ou na união estável, ou sua formalização com o fim exclusivo de constituir benefício previdenciário, apuradas em processo judicial no qual será assegurado o direito ao contraditório e à ampla defesa (incluindo-se o § 2º no art. 74 da Lei nº 8.213/1991)."[12]

Por contínua, entende-se a relação que não tenha interrupções. Conforme ensina Carlos Roberto Gonçalves

> "Para que a convivência possa ser alçada à categoria de união estável faz-se necessário que, além de pública e duradoura, seja também "contínua", sem interrupções (CC, art. 1.723). Dife-

---

12 CASTRO, Carlos Alberto Pereira de *et alii*. Manual de Direito Previdenciário. 23ª edição. Forense: Rio de Janeiro. 2020. p. 314.

rentemente do casamento, em que o vínculo conjugal é formalmente documentado, a união estável é um fato jurídico, uma conduta, um comportamento. A sua solidez é atestada pelo caráter contínuo do relacionamento. A instabilidade causada por constantes rupturas desse relacionamento poderá provocar insegurança a terceiros, nas suas relações jurídicas com os companheiros."[13]

e) inexistência de impedimentos matrimoniais

Finalmente, assim como ocorre com o casamento, a validade da união estável está condicionada à inexistência de impedimentos matrimoniais, nos termos do artigo 1.521, do Código Civil:

> "Art. 1.521. Não podem casar:
>
> I- os ascendentes com os descendentes, seja o parentesco natural ou civil;
>
> II- os afins em linha reta;
>
> III- o adotante com quem foi cônjuge do adotado e o adotado com quem o foi do adotante;
>
> IV- os irmãos, unilaterais ou bilaterais, e demais colaterais, até o terceiro grau inclusive;
>
> V- o adotado com o filho do adotante;
>
> VI- as pessoas casadas;
>
> VII- o cônjuge sobrevivente com o condenado por homicídio ou tentativa de homicídio contra o seu consorte".

Em relação ao inciso VI, do artigo 1.521, do Código Civil, não se considera impedimento ao reconhecimento da união estável, o fato de um ou ambos os companheiros estar separados de fato de seus antigos cônjuges, não obstante, juridicamente, esteja válido o casamento, o qual apenas se rompe com o divórcio.

---

13   *Op. cit.* p. 630.

Em tal caso, o STJ possui entendimento pacífico de que, embora válida a união estável constituída quando os companheiros estavam separados de fato, há possibilidade de rateio de eventual pensão entre a viúvo(a) e companheiro(a):

"PROCESSUAL CIVIL E PREVIDENCIÁRIO. RECURSO ESPECIAL. AÇÃO RESCISÓRIA. PENSÃO POR MORTE. RATEIO. ESPOSA E COMPANHEIRA. CONDIÇÃO DEVIDAMENTE COMPROVADA. PROVAS MATERIAIS E TESTEMUNHAIS. ERRO DE FATO NÃO CONFIGURADO. PROVA NOVA. MANUTENÇÃO DO ENTENDIMENTO. DECISÃO RESCINDENDA PROFERIDA COM BASE NA LEGISLAÇÃO E JURISPRUDÊNCIA. OFENSA AO ART. 1.022 DO CPC NÃO CONFIGURADA. REEXAME DO CONTEXTO FÁTICO-PROBATÓRIO. SÚMULA 7/STJ.

1. Na origem, cuida-se de requerimento de rescisão do julgado proferido pela Quarta Turma do Tribunal Regional Federal da 5ª Região, nos autos da AC 493540/PE, que deu parcial provimento ao recurso apelatório para reconhecer sua qualidade de companheira e o direito ao rateio da pensão por morte, com a esposa do segurado falecido. O Tribunal Regional Federal da 5ª Região julgou improcedente a Ação Rescisória, mantendo a decisão rescindenda por todos os seus fundamentos.

2. Hipótese em que o Tribunal regional consignou (fls. 1.223-1.1.225, e-STJ): "[...] As provas colhidas (material e testemunhal) demonstraram cabalmente a condição de companheira da ré, considerando inclusive a existência de documento público de acordo de alimentos homologado pela Defensoria Pública, firmado pelo falecido e pela autora (esposa), na qual consta expressamente que os mesmos encontravam-se separados de fato desde o ano de 2003. Registre-se que o falecimento ocorrera em 2006. [...] À época da morte do segurado falecido, a autora da rescisória não mais convivia maritalmente com o pensionista do INSS, estando este em convivência com a companheira, conforme provas documentais e testemunhais".

3. Depreende-se da leitura do acórdão *a quo* que a Corte de origem foi categórica ao afirmar que se comprovou nos autos a existência de união estável suficiente para configurar direito ao pensionamento.

Assim, é evidente que, para modificar o entendimento firmado no acórdão recorrido, seria necessário exceder as razões colacionadas no acórdão vergastado, o que demanda incursão no contexto fático-probatório dos autos, vedada em Recurso Especial, conforme Súmula 7/STJ.

4. O Superior Tribunal de Justiça possui entendimento de que a união estável pressupõe a inexistência de impedimento para o casamento, assegurando-se à companheira o direito ao recebimento da pensão por morte do falecido que ainda esteja casado, desde que comprovada a separação de fato entre os ex-cônjuges.

5. *In casu*, o Parquet federal assim opinou: "uma vez que há comprovação de que o instituidor da pensão estava separado de fato da esposa, não há óbice ao reconhecimento da união estável nem ao rateio da pensão por morte com a companheira. De maneira que não se configura ofensa à literal disposição dos arts. 16, § 3º, da Lei nº 8.213/91 e 1º da Lei nº 9.278/98, devendo ser mantido o acórdão no ponto em que julgou improcedente a rescisória ajuizada com fulcro no art. 966, V, do CPC".

6. Recurso Especial parcialmente conhecido, com relação à preliminar de violação do art. 1.022 do CPC/2015, e, nessa extensão, não provido".

(STJ, REsp 1770426/PE, Rel. Ministro HERMAN BENJAMIN, SEGUNDA TURMA, julgado em 06/08/2019, DJe 05/09/2019)

8.2.2.1. CÔNJUGE SEPARADO DE FATO OU JUDICIALMENTE

Nos termos do artigo 76. § 2º, da Lei 8.213/1991,

"Art. 76. A concessão da pensão por morte não será protelada pela falta de habilitação de outro possível dependente, e qualquer inscrição ou habilitação posterior que importe em exclusão ou inclusão de dependente só produzirá efeito a contar da data da inscrição ou habilitação.

(...) § 2º O cônjuge divorciado ou separado judicialmente ou de fato que recebia pensão de alimentos concorrerá em igualdade de condições com os dependentes referidos no inciso I do art. 16 desta Lei."

Assim, o cônjuge separado judicialmente ou divorciado que receba pensão alimentícia, concorrerá com o companheiro ou cônjuge atual no segurado, em relação ao recebimento do benefício previdenciário.

Nesse sentido os julgados:

"PREVIDENCIÁRIO. PENSÃO POR MORTE. AUSÊNCIA DE PREQUESTIONAMENTO.

CONDIÇÃO DE DEPENDENTE DA COMPANHEIRA. UNIÃO ESTÁVEL. COMPROVAÇÃO.

NÃO RECEBIMENTO DE PENSÃO PELA EX-CÔNJUGE. DIREITO A DIVISÃO DA PENSÃO. INEXISTÊNCIA. PRETENSÃO DE REEXAME DE PROVAS.

1.Verifica-se que a Corte a quo não analisou a controvérsia à luz dos arts. 76 e 77 da Lei nº 8.213/91. Incide no caso o enunciado da Súmula 211 do Superior Tribunal de Justiça.

2. No tocante à alegada violação do art. 16 da Lei nº 8.213/91, verifica-se que o Tribunal de origem decidiu a questão com base nas provas dos autos, as quais demonstram que a autora detinha a condição de companheira do de cujus, em comprovada união estável, razão pela qual faz jus ao recebimento da pensão por morte.

3. Nos termos do art. 76, § 2º, da Lei nº 8.213/91, apenas o ex-cônjuge que recebe pensão alimentícia concorre em igualdade de condições com os dependentes do art. 16, I, da mesma lei.

4. Modificar as conclusões do acórdão, a fim de afastar a comprovação de união estável e determinar a cassação da pensão à companheira do de cujus, ou mesmo reconhecer o direito a divisão de pensão entre as partes, demandaria reexame do material provatório dos autos, o que é vedado em recurso especial, nos termos da Súmula 7 desta Corte.

Agravo regimental improvido".

(AgRg no REsp 1357237/PR, Rel. Ministro HUMBERTO MARTINS, SEGUNDA TURMA, julgado em 07/03/2013, DJe 18/03/2013)

"PROCESSUAL CIVIL. AGRAVO INTERNO NO AGRAVO EM RECURSO ESPECIAL. PREVIDÊNCIA PRIVADA. PENSÃO POR MORTE. UNIÃO ESTÁVEL. DIREITO DA COMPANHEIRA. RATEIO DO BENEFÍCIO COM A EX-ESPOSA. POSSIBILIDADE. AUSÊNCIA DE DESEQUILÍBRIO ATUARIAL. SÚMULA Nº 83/STJ. DECISÃO MANTIDA.

1. "Comprovada a união estável, a companheira de participante de plano de previdência privada faz jus ao recebimento do benefício de pensão por morte, ainda que não tenha sido designada como beneficiária por ocasião da adesão ao respectivo plano, ressalvando-se que o pagamento deverá ser feito conforme a sua cota-parte, caso existam outros inscritos recebendo devidamente o benefício" (REsp nº 1.705.576/SP, Relator Ministro MARCO AURÉLIO BELLIZZE, TERCEIRA TURMA, julgado em 27/2/2018, DJe 6/3/2018).

2. "Nos termos da Lei nº 8.213/91, para a fixação das cotas-partes devidas ao ex-cônjuge – que percebia pensão alimentícia – e à(ao) viúva(o) ou companheira(o) do segurado(a) falecido(a), o rateio da pensão por morte deve ocorrer de forma igualitária, em razão da inexistência de ordem de preferência entre os citados beneficiários" (AgRg no REsp nº 1.132.912/SC, Relatora Ministra LAURITA VAZ, QUINTA TURMA, julgado em 25/9/2012, DJe 2/10/2012).

3. Agravo interno a que se nega provimento".

(AgInt no AREsp 1352170/PE, Rel. Ministro ANTONIO CARLOS FERREIRA, QUARTA TURMA, julgado em 25/02/2019, DJe 01/03/2019)

De acordo com a jurisprudência do STJ, a divisão da pensão se dá em partes igual, independentemente no valor da pensão alimentícia recebida pelo alimentado.

"PREVIDENCIÁRIO E PROCESSUAL CIVIL. ARTS. 112 E 113 DO CPC/73. FALTA DE PREQUESTIONAMENTO. SÚMULA 211/STJ. PENSÃO POR MORTE DO VARÃO. EX-ESPOSA DIVORCIADA E VIÚVA. RATEIO EM PARTES IGUAIS. EXEGESE DO ART. 76, § 2°, DA LEI N° 8.213/91.

1. O Tribunal de origem não apreciou a questão sob a perspectiva do disposto nos arts. 112 e 113 do CPC/73, apesar de instado a fazê-lo por meio de competentes embargos de declaração. Nesse contexto, caberia à parte recorrente, nas razões do apelo especial, indicar ofensa ao art. 535 do CPC/73, alegando a existência de possível omissão, providência da qual não se desincumbiu. Incide, pois, o óbice da Súmula 211/STJ.

2. O Superior Tribunal de Justiça possui orientação no sentido de que o rateio do valor referente à pensão por morte deixada pelo varão, entre a ex-cônjuge divorciada e a viúva, deve ocorrer em partes iguais, independentemente do percentual que vinha sendo recebido pela ex-esposa a título de pensão alimentícia. Precedentes: AgRg no REsp 1.132.912/SC, Rel.

Ministra LAURITA VAZ, QUINTA TURMA, julgado em 25/09/2012, DJe 02/10/2012 e REsp 969.591/RJ, Rel. Ministro NAPOLEÃO NUNES MAIA FILHO, QUINTA TURMA, julgado em 05/08/2010, DJe 06/09/2010.

3. Recurso especial parcialmente conhecido e, nessa extensão, provido."

(REsp 1449968/RJ, Rel. Ministro SÉRGIO KUKINA, PRIMEIRA TURMA, julgado em 14/11/2017, DJe 20/11/2017)

8.2.2.2. RELAÇÃO MONOGÂMICA, UNIÕES PARALELAS E RELAÇÕES POLIAFETIVAS

Como já afirmado no item anterior, constitui requisito para a validade da união estável a ausência de impedimentos matrimoniais, dentre os quais se destaca a impossibilidade de sua constituição com pessoas casadas.

Entretanto, apresenta-se como fato social relevante a existência de famílias poliafetivas e seus efeitos patrimoniais e previdenciários. O CNJ, em 26/06/2018 decidiu que:

> "PEDIDO DE PROVIDÊNCIAS. UNIÃO ESTÁVEL POLIAFETIVA. ENTIDADE FAMILIAR. RECONHECIMENTO. IMPOSSIBILDADE. FAMÍLIA. CATEGORIA SOCIOCULTURAL. IMATURIDADE SOCIAL DA UNIÃO POLIAFETIVA COMO FAMÍLIA. DECLARAÇÃO DE VONTADE. INAPTIDÃO PARA CRIAR ENTE SOCIAL. MONOGAMIA. ELEMENTO ESTRUTURAL DA SOCIEDADE. ESCRITURA PÚBLICA DECLARATÓRIA DE UNIÃO POLIAFETIVA. LAVRATURA. VEDAÇÃO.
>
> 1. A Constituição Federal de 1988 assegura à família a especial proteção do Estado, abarcando suas diferentes formas e arranjos e respeitando a diversidade das constituições familiares, sem hierarquizá-las.
>
> 2. A família é um fenômeno social e cultural com aspectos antropológico, social e jurídico que refletem a sociedade de seu tempo e lugar. As formas de união afetiva conjugal – tanto as "matrimonializadas" quanto as "não matrimonializadas" – são produto social e cultural, pois são reconhecidas como instituição familiar de acordo com as regras e costumes da sociedade em que estiverem inseridas.
>
> 3. A alteração jurídico-social começa no mundo dos fatos e é incorporada pelo direito de forma gradual, uma vez que a mudan-

ça cultural surge primeiro e a alteração legislativa vem depois, regulando os direitos advindos das novas conformações sociais sobrevindas dos costumes.

4. A relação "poliamorosa" configura-se pelo relacionamento múltiplo e simultâneo de três ou mais pessoas e é tema praticamente ausente da vida social, pouco debatido na comunidade jurídica e com dificuldades de definição clara em razão do grande número de experiências possíveis para os relacionamentos.

5. Apesar da ausência de sistematização dos conceitos, a "união poliafetiva" – descrita nas escrituras públicas como "modelo de união afetiva múltipla, conjunta e simultânea" – parece ser uma espécie do gênero "poliamor".

6. Os grupos familiares reconhecidos no Brasil são aqueles incorporados aos costumes e à vivência do brasileiro e a aceitação social do "poliafeto" importa para o tratamento jurídico da pretensa família "poliafetiva".

7. A diversidade de experiências e a falta de amadurecimento do debate inabilita o "poliafeto" como instituidor de entidade familiar no atual estágio da sociedade e da compreensão jurisprudencial. Uniões formadas por mais de dois cônjuges sofrem forte repulsa social e os poucos casos existentes no país não refletem a posição da sociedade acerca do tema; consequentemente, a situação não representa alteração social hábil a modificar o mundo jurídico.

8. A sociedade brasileira não incorporou a "união poliafetiva" como forma de constituição de família, o que dificulta a concessão de status tão importante a essa modalidade de relacionamento, que ainda carece de maturação. Situações pontuais e casuísticas que ainda não foram submetidas ao necessário amadurecimento no seio da sociedade não possuem aptidão para ser reconhecidas como entidade familiar.

9. Futuramente, caso haja o amadurecimento da "união poliafetiva" como entidade familiar na sociedade brasileira, a matéria pode ser disciplinada por lei destinada a tratar das suas especi-

ficidades, pois a) as regras que regulam relacionamentos monogâmicos não são hábeis a regular a vida amorosa "poliafetiva", que é mais complexa e sujeita a conflitos em razão da maior quantidade de vínculos; e b) existem consequências jurídicas que envolvem terceiros alheios à convivência, transcendendo o subjetivismo amoroso e a vontade dos envolvidos.

10. A escritura pública declaratória é o instrumento pelo qual o tabelião dá contorno jurídico à manifestação da vontade do declarante, cujo conteúdo deve ser lícito, uma vez que situações contrárias à lei não podem ser objeto desse ato notarial.

11. A sociedade brasileira tem a monogamia como elemento estrutural e os tribunais repelem relacionamentos que apresentam paralelismo afetivo, o que limita a autonomia da vontade das partes e veda a lavratura de escritura pública que tenha por objeto a união "poliafetiva".

12. O fato de os declarantes afirmarem seu comprometimento uns com os outros perante o tabelião não faz surgir nova modalidade familiar e a posse da escritura pública não gera efeitos de Direito de Família para os envolvidos.

13. Pedido de providências julgado procedente."

(CNJ – PP – Pedido de Providências – Corregedoria – 0001459-08.2016.2.00.0000 – Rel. João Otávio de Noronha – 48ª Sessão Extraordinária – julgado em 26/06/2018).

O tema foi levado ao conhecimento da Suprema Corte, por meio do RE 1.045.273, com repercussão geral.

No caso, um homem manteve, de forma concomitante, relacionamento com uma mulher e com outro homem. Com o seu falecimento, a mulher teve reconhecida a união estável e passou a receber pensão por morte, tendo o companheiro do falecido ajuizado ação para recebimento do benefício.

Irresignada, a companheira interpôs apelação, a qual foi provida para reconhecer seu direito exclusivo ao recebimento, em razão da impossibilidade de coexistência de duas uniões estáveis concomitantes.

O C. STF, em 09/04/2021, julgou o recurso extraordinário para reconhecer a impossibilidade de reconhecimento de duas uniões estáveis concomitantes em acórdão assim ementado:

"RECURSO EXTRAORDINÁRIO. REPERCUSSÃO GERAL. TEMA 529. CONSTITUCIONAL. PREVIDENCIÁRIO. PENSÃO POR MORTE. RATEIO ENTRE COMPANHEIRA E COMPANHEIRO, DE UNIÕES ESTÁVEIS CONCOMITANTES. IMPOSSIBILIDADE. 1. A questão constitucional em jogo neste precedente com repercussão geral reconhecida é a possibilidade de reconhecimento, pelo Estado, da coexistência de duas uniões estáveis paralelas, e o consequente rateio da pensão por morte entre os companheiros sobreviventes – independentemente de serem relações hétero ou homoafetivas. 2. O SUPREMO TRIBUNAL FEDERAL tem precedentes no sentido da impossibilidade de reconhecimento de união estável, em que um dos conviventes estivesse paralelamente envolvido em casamento ainda válido, sendo tal relação enquadrada no art. 1.727 do Código Civil, que se reporta à figura da relação concubinária (as relações não eventuais entre o homem e a mulher, impedidos de casar, constituem concubinato). 3. É vedado o reconhecimento de uma segunda união estável, independentemente de ser hétero ou homoafetiva, quando demonstrada a existência de uma primeira união estável, juridicamente reconhecida. Em que pesem os avanços na dinâmica e na forma do tratamento dispensado aos mais matizados núcleos familiares, movidos pelo afeto, pela compreensão das diferenças, respeito mútuo, busca da felicidade e liberdade individual de cada qual dos membros, entre outros predicados, que regem inclusive os que vivem sob a égide do casamento e da união estável, subsistem em nosso ordenamento jurídico constitucional os ideais monogâmicos, para o reconhecimento do casamento e da união estável, sendo, inclusive, previsto como deveres aos cônjuges, com substrato no regime monogâmico, a exigência de fidelidade recíproca durante o pacto nupcial (art. 1.566, I, do Código Civil). 4. A existência de uma declaração judicial de existência de união estável é, por si só, óbice ao reconhecimento de uma outra união paralelamente estabelecida por um dos companheiros durante o mesmo período, uma vez que o artigo

226, § 3º, da Constituição se esteia no princípio de exclusividade ou de monogamia, como requisito para o reconhecimento jurídico desse tipo de relação afetiva inserta no mosaico familiar atual, independentemente de se tratar de relacionamentos hétero ou homoafetivos. 5. Tese para fins de repercussão geral: "A preexistência de casamento ou de união estável de um dos conviventes, ressalvada a exceção do artigo 1.723, § 1º, do Código Civil, impede o reconhecimento de novo vínculo referente ao mesmo período, inclusive para fins previdenciários, em virtude da consagração do dever de fidelidade e da monogamia pelo ordenamento jurídico-constitucional brasileiro". 6. Recurso extraordinário a que se nega provimento".

(STF, RE 1.045.273, Relator(a): ALEXANDRE DE MORAES, Tribunal Pleno, julgado em 21/12/2020, PROCESSO ELETRÔNICO REPERCUSSÃO GERAL – MÉRITO DJe-066 DIVULG 08-04-2021 PUBLIC 09-04-2021)

O STJ, em recente decisão, no mesmo sentido, decidiu que:

"ADMINISTRATIVO E PROCESSUAL CIVIL. SERVIDOR PÚBLICO FEDERAL. PENSÃO POR MORTE. RECURSOS ESPECIAIS DA UNIÃO E DA VIÚVA DO EX--SERVIDOR.

ALEGADA VIOLAÇÃO AO ART. 1.022 DO CPC/2015. INEXISTÊNCIA. PRETENSÃO DE DIVISÃO DA PENSÃO POR MORTE ENTRE A VIÚVA E A CONCUBINA. RELAÇÃO EXTRACONJUGAL MANTIDA PELO DE CUJUS, NA CONSTÂNCIA DO CASAMENTO.

AUSÊNCIA DE SEPARAÇÃO DE FATO OU DE DIREITO. UNIÃO ESTÁVEL DESCARACTERIZADA. PRECEDENTES DO STJ E DO STF, SOB O RITO DE REPERCUSSÃO GERAL. RECURSO ESPECIAL DA UNIÃO PARCIALMENTE PROVIDO.

RECURSO ESPECIAL DE JURACI NOBRE MELO PROVIDO.

I. Trata-se de Recursos Especiais interpostos pela União e por Juraci Nobre Melo, viúva do ex-servidor público federal, contra acórdão publicado na vigência do CPC/2015, que reformou a sentença, que julgara improcedente a demanda, pela impossibilidade de reconhecimento de união estável entre o falecido servidor e a suposta companheira, na constância de casamento válido, sem separação de fato dos cônjuges.

II. Na origem, trata-se de demanda ajuizada pela autora, sob alegação de união estável com o de cujus, objetivando a percepção de 50% (cinquenta por cento) de pensão vitalícia, percebida integralmente pela viúva do ex-servidor, falecido em 18/07/2015.

III. RECURSO ESPECIAL DA UNIÃO – Não há falar, na hipótese, em violação ao art. 1.022 do CPC/2015, porquanto a prestação jurisdicional foi dada na medida da pretensão deduzida, de vez que os votos condutores do acórdão recorrido e do acórdão proferido em sede de Embargos de Declaração apreciaram fundamentadamente, de modo coerente e completo, as questões necessárias à solução da controvérsia, dando-lhes, contudo, solução jurídica diversa da pretendida. Nesse sentido: STJ, REsp 1.829.231/PB, Rel. Ministro HERMAN BENJAMIN, SEGUNDA TURMA, DJe de 01/12/2020.

IV. RECURSO ESPECIAL DA UNIÃO E DE JURACI NOBRE MELO – No caso, o Tribunal de origem, para reformar a sentença de improcedência da ação, entendeu que, "na hipótese em exame, a condição de companheira do instituidor, à época do óbito (2015), restou devidamente comprovada através dos seguintes documentos: declaração de óbito, constando que o de cujus faleceu em lugar próximo à casa da autora; notas fiscais, emitidas em 2015, informando endereço do falecido coincidente com o endereço da parte autora; declaração de Imposto de Renda, dos exercícios de 2007 a 2012, constando a parte autora como dependente do falecido na condição de companheira/cônjuge; nota fiscal eletrônica e recibo de pagamento referente ao serviço funeral completo do falecido em nome da parte autora; fotografias do casal; declaração de particulares atestando a União Estável entre o falecido e a autora; email enviado pelo falecido, em dezembro de 2012, recomendando a autora para oportunidade de emprego e se referindo a ela como 'pessoa com a qual convivo a um bom tempo', homenagens póstumas ao falecido, feito pela autora, em forma de 'santinho', e distribuídas publicamente. Por outro lado, também há nos autos provas da convivência do falecido com seu cônjuge, a exemplo da certidão de óbito, na qual foi declarante e informou que o falecido residia em seu endereço; fotos do casal; homenagens póstumas ao falecido, feito pela viúva e distribuídas publicamente, em forma de 'santinho'; notas fiscais e correspondências do falecido com o endereço da esposa; contrato de financiamento firmado com o falecido, com prazo de vigência de 2010 a 2030; declarações de particulares; recibo do cemitério, constando que o cônjuge arcou com as despesas da lápide, taxa de sepultamento e velório. (...) Em audiência de instrução e julgamento, 07 (sete) testemunhas, inclusive o irmão do falecido, trazidas pela parte autora, afirmaram ter conhecimento de que ela e o Sr. Ubaldo (falecido) mantinham um relacionamento amoroso. Por sua vez, as testemunhas trazidas pela litisconsorte ré, informam que o falecido e o cônjuge nunca se separaram de fato, apesar de quase todos afirmarem ter conhecimento da relação extraconjugal com a autora. (...) na audiência de instrução, ficou esclarecido que o falecido mantinha a relação conjugal com a esposa, além do relacionamento extraconjugal com a demandante. No caso, a despeito da possibilidade de o falecido não estar separado de fato da sua esposa na ocasião do óbito, a união estável com a autora restou demonstrada (...) Assim, devidamente comprovada a condição de companheira, faz a demandante jus à implantação da pensão por morte, a ser dividida com o cônjuge do falecido (já beneficiário desde o óbito)".

V. O caso dos autos não exige revolvimento do quadro fático da causa, ante os fatos delineados pelas instâncias ordinárias. Com efeito, tanto a sentença quanto o acórdão recorrido reconhecem que "o falecido mantinha a relação conjugal com a esposa, além do relacionamento extraconjugal com a demandante". Todavia, o Tribunal de origem, ao reconhecer que "a despeito da possibilidade de o falecido não estar separado de fato da sua esposa na ocasião do óbito, a união estável com a autora restou demonstrada", acabou por divergir da jurisprudência desta Corte e do STF, firmada sob o rito de repercussão geral.

VI. O Superior Tribunal de Justiça possui entendimento no sentido de que "a união estável pressupõe a inexistência de impedimento para o casamento, assegurando-se à companheira o direito ao recebimento da pensão por morte do falecido que ainda esteja casado, desde que comprovada a separação de fato entre os ex-cônjuges" (STJ, REsp 1.789.967/RS, Rel. Ministro HERMAN BENJAMIN, SEGUNDA TURMA, DJe de 23/04/2019). Por outro lado – tal como na espécie –, "mantida a vida em comum entre os cônjuges (ou seja, inexistindo separação de fato), não se poderá reconhecer a união estável de pessoa casada. Nesse contexto normativo, a jurisprudência do STJ não admite o reconhecimento de uniões estáveis paralelas ou de união estável concomitante a casamento em que não configurada separação de fato" (STJ, REsp 1.754.008/RJ, Rel. Ministro LUIS FELIPE SALOMÃO, QUARTA TURMA, DJe de 01/03/2019).

VII. Apreciando caso análogo ao presente, esta Corte já decidiu que "o entendimento do Tribunal de origem está em confronto com a orientação do STJ, de que a união estável pressupõe a inexistência de impedimento para o casamento, assegurando-se à companheira o direito ao recebimento da pensão por morte do falecido que ainda esteja casado, desde que comprovada a separação de fato entre os ex-cônjuges, o que não ocorreu no caso dos autos" (STJ, REsp 1.810.926/RN, Rel. Ministro HERMAN BENJAMIN, SEGUNDA TURMA, DJe de 01/07/2019). No mesmo sentido, a pacífica jurisprudência desta Corte: AgRg no Ag 1.424.071/RO, Rel. Ministro ARNALDO ESTEVES LIMA, PRIMEIRA TURMA, DJe de 30/08/2012; RMS 30.414/PB, Rel. Ministra LAURITA VAZ, QUINTA TURMA, DJe de 24/04/2012; AgRg no AREsp 597.471/RS, Rel. Ministro HUMBERTO MARTINS, SEGUNDA TURMA, DJe de 15/12/2014; AgRg no REsp 1.147.046/RJ, Rel. Ministro SEBASTIÃO REIS JÚNIOR, SEXTA TURMA, DJe de 26/05/2014; AgInt no REsp 1.583.241/AL, Rel. Ministra REGINA HELENA COSTA, PRIMEIRA TURMA,

DJe de 04/11/2016; AgInt no REsp 1.725.214/RS, Rel. Ministro MAURO CAMPBELL MARQUES, SEGUNDA TURMA, DJe de 03/10/2018; AgInt no AREsp 1.317.021/RJ, Rel. Ministro NAPOLEÃO NUNES MAIA FILHO, PRIMEIRA TURMA, DJe de 18/12/2020.

VIII. O Plenário virtual do STF, no julgamento do RE 1.045.273/SE, sob o rito de repercussão geral (julgamento virtual concluído em 19/12/2020, acórdão pendente de publicação), decidiu, por maioria, pela impossibilidade de reconhecimento de direitos previdenciários ao concubinato, restando fixada a seguinte tese, no Tema 529/STF: "A preexistência de casamento ou de união estável de um dos conviventes, ressalvada a exceção do artigo 1.723, § 1º, do Código Civil, impede o reconhecimento de novo vínculo referente ao mesmo período, inclusive para fins previdenciários, em virtude da consagração do dever de fidelidade e da monogamia pelo ordenamento jurídico-constitucional brasileiro".

IX. Recurso Especial da União parcialmente provido. Recurso Especial de Juraci Nobre de Melo provido, para restabelecer a sentença, que julgou improcedente a ação".

(REsp 1894963/AL, Rel. Ministra ASSUSETE MAGALHÃES, SEGUNDA TURMA, julgado em 27/04/2021, DJe 03/05/2021)

8.2.2.3. PLURIPARENTALIDADE

Para o adequado estudo do Estado de Direito e da Constituição, mister se faz a análise da sociedade hodierna, objeto de maior preocupação do jurista e os novos conceitos e paradigmas reinantes no dano momento histórico.

Desde priscas eras, o homem verifica dos fatos ocorridos a sua volta e procura se adequar à nova realidade, cabendo ao direito regular tais situações de modo a permitir que os princípios basilares e fundamentais do ser humano sejam respeitados.

O artigo 1º, da Constituição Federal, fixa que compomos um Estado Democrático de Direito.

Estado de Direito é aquele que se submete às leis regentes da vida em sociedade. Essa concepção surgiu como oposição ao Estado Absolutista na época das revoluções burguesas, passando-se a falar em Estado Liberal. Este era o Estado formal de Direito. Com o tempo, detectou-se a insuficiência do Estado Liberal e passou-se a defender a existência de um Estado Social, ou seja, um Estado material de Direito, em que a sociedade era inserida no seio do Estado, dirigindo-se este ao alcance da justiça social.

Estado Democrático, por seu turno, é aquele em que, além da mera submissão à lei, há também submissão à vontade popular e aos fins propostos pelos cidadãos. Funda-se na ideia de soberania popular, de participação do povo na formação da vontade do Estado.

Por conseguinte, Estado Democrático de Direito é aquele em que há submissão à lei, vista esta não como entidade normativa meramente formal, mas como verdadeiro instrumento de interferência na realidade social, para superar as desigualdades sociais e regionais e realizar, de fato, a justiça social. Daí Canotilho relacionar os princípios do Estado Democrático de Direito: (i) princípio da constitucionalidade; (ii) princípio democrático; (iii) sistema de direitos fundamentais; (iv) princípio da justiça social; (v) princípio da igualdade; (vi) princípios da divisão de poderes e da independência do juiz; (vii) princípio da legalidade; (viii) princípio da segurança jurídica.

O mundo não muda graças à edição de atos normativos formais. Ao revés os atos normativos é que mudam de acordo com a realidade, em interação constante tensa, dinâmica, complexa. Vem a calhar, o ditado famoso de Georges Ripert: "Quando o Direito ignora a realidade, a realidade se vinga ignorando o Direito".

Traçadas tais premissas, tem-se que não se pode deixar de verificar a mudança do conceito de família, que se altera com tempo e de acordo com a sociedade.

Hodiernamente, não sem muita luta social e jurídica, obteve-se o reconhecimento das famílias monoparentais e homoafetivas, questão fundamental à concretização do princípio da isonomia entre todos e da segurança jurídica das pessoas.

Entretanto, não se admite que o Estado deixe de observar a existência de novas modalidades familiares, como pluriparentalidade e seus efeitos jurídicos.

Nos Estados Unidos da América, no estado da Louisiana, em decisão de 1989, proferida no caso Smith vs. Cole, de 1989, foi reconhecido que a criança, nascida durante o casamento de sua mãe com um homem diferente de seu pai biológico, pode ter reconhecida a paternidade em relação aos dois e, assim, o pai biológico mantém suas obrigações alimentares em relação ao filho, o que não é afastada pela responsabilidade assumida por outrem[14].

Nesse sentido, o C. STF, nos autos do RE 898.060, com repercussão geral, relatado pelo Ministro Luiz Fux, e que regou a edição do tema 622, decidiu que:

> "Ementa: Recurso Extraordinário. Repercussão Geral reconhecida. Direito Civil e Constitucional. Conflito entre paternidades socioafetiva e biológica. Paradigma do casamento. Superação pela Constituição de 1988. Eixo central do Direito de Família: deslocamento para o plano constitucional. Sobre princípio da dignidade humana (art. 1º, III, da CRFB). Superação de óbices legais ao pleno desenvolvimento das famílias. Direito à busca da felicidade. Princípio constitucional implícito. Indivíduo como centro do ordenamento jurídico-político. Impossibilidade de redução das realidades familiares a modelos preconcebidos. Atipicidade constitucional do conceito de entidades familiares. União estável (art. 226, § 3º, CRFB) e família monoparental (art. 226, § 4º, CRFB). Vedação à discriminação e hierarquização entre espécies de filiação (art. 227, § 6º, CRFB). Parentalidade presuntiva, biológica ou afetiva. Necessidade de tutela jurídica ampla. Multiplicidade de vínculos parentais. Reconhecimento concomitante. Possibilidade. Pluriparentalidade. Princípio da paternidade responsável (art. 226, § 7º, CRFB). Recurso a que se nega provimento. Fixação de tese para aplicação a casos semelhantes. 1. O prequestionamento revela-se autorizado quando as instân-

---

14 https://www.courtlistener.com/opinion/1670353/smith-v-cole/

cias inferiores abordam a matéria jurídica invocada no Recurso Extraordinário na fundamentação do julgado recorrido, tanto mais que a Súmula n° 279 desta Egrégia Corte indica que o apelo extremo deve ser apreciado à luz das assertivas fáticas estabelecidas na origem. 2. A família, à luz dos preceitos constitucionais introduzidos pela Carta de 1988, apartou-se definitivamente da vetusta distinção entre filhos legítimos, legitimados e ilegítimos que informava o sistema do Código Civil de 1916, cujo paradigma em matéria de filiação, por adotar presunção baseada na centralidade do casamento, desconsiderava tanto o critério biológico quanto o afetivo. 3. A família, objeto do deslocamento do eixo central de seu regramento normativo para o plano constitucional, reclama a reformulação do tratamento jurídico dos vínculos parentais à luz do sobreprincípio da dignidade humana (art. 1°, III, da CRFB) e da busca da felicidade. 4. A dignidade humana compreende o ser humano como um ser intelectual e moral, capaz de determinar-se e desenvolver-se em liberdade, de modo que a eleição individual dos próprios objetivos de vida tem preferência absoluta em relação a eventuais formulações legais definidoras de modelos preconcebidos, destinados a resultados eleitos a priori pelo legislador. Jurisprudência do Tribunal Constitucional alemão (BVerfGE 45, 187). 5. A superação de óbices legais ao pleno desenvolvimento das famílias construídas pelas relações afetivas interpessoais dos próprios indivíduos é corolário do sobreprincípio da dignidade humana. 6. O direito à busca da felicidade, implícito ao art. 1°, III, da Constituição, ao tempo que eleva o indivíduo à centralidade do ordenamento jurídico-político, reconhece as suas capacidades de autodeterminação, autossuficiência e liberdade de escolha dos próprios objetivos, proibindo que o governo se imiscua nos meios eleitos pelos cidadãos para a persecução das vontades particulares. Precedentes da Suprema Corte dos Estados Unidos da América e deste Egrégio Supremo Tribunal Federal: RE 477.554-AgR, Rel. Min. Celso de Mello, DJe de 26/08/2011; ADPF 132, Rel. Min. Ayres Britto, DJe de 14/10/2011. 7. O indivíduo jamais pode ser reduzido a mero instrumento de consecução das vontades dos governantes, por isso que o direito à busca da felicidade protege o ser humano em face de tentativas do Estado de enquadrar a sua realidade familiar em modelos preconcebidos pela lei. 8. A Constituição de 1988, em caráter meramente exemplificativo, reconhece como legítimos modelos de família independentes do casamento, como a união estável (art. 226, § 3º) e a comunidade formada por qualquer dos pais e seus descendentes, cognominada "família monoparental" (art. 226, § 4º), além de enfatizar que espécies de filiação dissociadas do matrimônio entre os pais merecem equivalente tutela diante da lei, sendo vedada discriminação e, portanto, qualquer tipo de hierarquia entre elas (art. 227, § 6º). 9. As uniões estáveis homoafetivas, consideradas pela jurisprudência desta Corte como entidade familiar, conduziram à imperiosidade da interpretação não-reducionista do conceito de família como instituição que também se forma por vias distintas do casamento civil (ADI nº 4.277, Relator(a): Min. AYRES BRITTO, Tribunal Pleno, julgado em 05/05/2011). 10. A compreensão jurídica cosmopolita das famílias exige a ampliação da tutela normativa a todas as formas pelas quais a parentalidade pode se manifestar, a saber: (i) pela presunção decorrente do casamento ou outras hipóteses legais, (ii) pela descendência biológica ou (iii) pela afetividade. 11. A evolução científica responsável pela popularização do exame de DNA conduziu ao reforço de importância do critério biológico, tanto para fins de filiação quanto para concretizar o direito fundamental à busca da identidade genética, como natural emanação do direito de personalidade de um ser. 12. A afetividade enquanto critério, por sua vez, gozava de aplicação por doutrina e jurisprudência desde o Código Civil de 1916 para evitar situações de extrema injustiça, reconhecendo-se a posse do estado de filho, e consequentemente o vínculo parental, em favor daquele utilizasse o nome da família (*nominatio*), fosse tratado como filho pelo pai (*tractatio*) e gozasse do reconhecimento da sua condição de descendente pela comunidade (*reputatio*). 13. A paternidade responsável, enunciada expressamente no art. 226, § 7º, da Constituição, na perspectiva da dignidade humana e da busca pela felicidade, impõe o acolhimento, no espectro legal, tanto dos vínculos de filiação construídos pela relação afetiva entre os envolvidos, quanto daqueles originados da ascendência biológica, sem que seja necessário decidir entre um ou outro vínculo quando o melhor interesse do descendente for o reconhecimento jurídico de ambos. 14. A pluriparentalidade, no

Direito Comparado, pode ser exemplificada pelo conceito de "dupla paternidade" (*dual paternity*), construído pela Suprema Corte do Estado da Louisiana, EUA, desde a década de 1980 para atender, ao mesmo tempo, ao melhor interesse da criança e ao direito do genitor à declaração da paternidade. Doutrina. 15. Os arranjos familiares alheios à regulação estatal, por omissão, não podem restar ao desabrigo da proteção a situações de pluri-parentalidade, por isso que merecem tutela jurídica concomitan-te, para todos os fins de direito, os vínculos parentais de origem afetiva e biológica, a fim de prover a mais completa e adequada tutela aos sujeitos envolvidos, ante os princípios constitucionais da dignidade da pessoa humana (art. 1º, III) e da paternidade responsável (art. 226, § 7º). 16. Recurso Extraordinário a que se nega provimento, fixando-se a seguinte tese jurídica para aplica-ção a casos semelhantes: "A paternidade socioafetiva, declarada ou não em registro público, não impede o reconhecimento do vínculo de filiação concomitante baseado na origem biológica, com os efeitos jurídicos próprios".

(RE 898.060, Relator(a): LUIZ FUX, Tribunal Pleno, julgado em 21/09/2016, PROCESSO ELETRÔNICO REPERCUS-SÃO GERAL – MÉRITO DJe-187 DIVULG 23-08-2017 PUBLIC 24-08-2017)

Assim, como decidido pela Suprema Corte, a paternidade res-ponsável, na perspectiva da dignidade humana e da busca pela feli-cidade, impõe o acolhimento dos vínculos de filiação construídos pela relação afetiva entre os envolvidos, quanto daqueles originados da ascendência biológica, sem que haja necessidade de decidir entre um ou outro vínculo quando o melhor interesse do descendente for o reconhecimento jurídico de ambos e, assim, há uma ampliação natural, para o direito previdenciário, para efeito de dependente, que se mostra natural em relação aos genitores afetivos e biológicos.

8.3. DA PROVA DA UNIÃO ESTÁVEL PERANTE A PREVIDÊNCIA SOCIAL

O entendimento jurisprudencial se fixava da premissa de que não havia necessidade de início de prova documental para a comprovação da união estável, sendo admitida a demonstração de sua existência por testemunhas.

Nesse sentido a Súmula 104 do TRF da 4ª Região:

> "A legislação previdenciária não faz qualquer restrição quanto a admissibilidade da prova testemunhal, para comprovação da união estável, com vista à obtenção de benefício previdenciário".

Entretanto, a Lei 13.846, 18 de junho de 2019, decorrente da conversão da Medida Provisória 871/2019, incluiu o parágrafo 5º, ao artigo 16, da Lei 8.213/1991 que prevê:

> "§ 5º As provas de união estável e de dependência econômica exigem início de prova material contemporânea dos fatos, produzido em período não superior a 24 (vinte e quatro) meses anterior à data do óbito ou do recolhimento à prisão do segurado, não admitida a prova exclusivamente testemunhal, exceto na ocorrência de motivo de força maior ou caso fortuito, conforme disposto no regulamento".

Referida alteração legislativa, não obstante, em muitos casos, dificulte a prova da união estável, possivelmente provocará a mudança do entendimento jurisprudencial antes consolidado, eis que o artigo 442, do CPC, prevê que "a prova testemunhal é sempre admissível, não dispondo a lei de modo diverso" e, tendo a lei 13.846/2019 exigido o início de prova documental, não poderá ser provada a união estável apenas pela oitiva de testemunhas.

9. GENITORES

O inciso II, do artigo 16, da Lei 8.213/1991 reconhece como dependentes para efeito da previdência social "os pais".

Insta mencionar que, de acordo com o parágrafo 1°, do citado dispositivo legal, "a existência de dependente de qualquer das classes deste artigo exclui do direito às prestações os das classes seguintes".

Assim, caso o segurado possua cônjuge, companheira, companheiro, filho, menor que, por determinação judicial, esteja sob a sua guarda e o menor que esteja sob sua tutela e não possua condições suficientes para o próprio sustento e educação, não poderão os pais ser considerados dependentes para efeitos previdenciários.

Diferentemente do que ocorre com os dependentes citados no parágrafo anterior, em relação aos quais há presunção de dependência econômica, *ex vi* do parágrafo 4°, do artigo 16, da Lei 8.213/1991, em relação aos demais dependentes há necessidade de comprovação da dependência.

Dispõe o artigo 22, do Decreto 3.048/1999,

> "Art. 22. A inscrição do dependente do segurado será promovida quando do requerimento do benefício a que tiver direito, mediante a apresentação dos seguintes documentos: (Redação dada pelo Decreto n° 4.079, de 2002)
>
> I - para os dependentes preferenciais:
>
> (...)
>
> II - pais – certidão de nascimento do segurado e documentos de identidade dos mesmos; e
>
> (...)

§ 3º Para comprovação do vínculo e da dependência econômica, conforme o caso, deverão ser apresentados, no mínimo, dois documentos, observado o disposto nos § 6º-A e § 8º do art. 16, e poderão ser aceitos, dentre outros: (Redação dada pelo Decreto nº 10.410, de 2020).

I - certidão de nascimento de filho havido em comum;

II - certidão de casamento religioso;

III - declaração do imposto de renda do segurado, em que conste o interessado como seu dependente;

IV - disposições testamentárias;

VI - declaração especial feita perante tabelião;

VII - prova de mesmo domicílio;

VIII - prova de encargos domésticos evidentes e existência de sociedade ou comunhão nos atos da vida civil;

IX - procuração ou fiança reciprocamente outorgada;

X - conta bancária conjunta;

XI - registro em associação de qualquer natureza, onde conste o interessado como dependente do segurado;

XII - anotação constante de ficha ou livro de registro de empregados;

XIII - apólice de seguro da qual conste o segurado como instituidor do seguro e a pessoa interessada como sua beneficiária;

XIV - ficha de tratamento em instituição de assistência médica, da qual conste o segurado como responsável;

XV - escritura de compra e venda de imóvel pelo segurado em nome de dependente;

XVI – declaração de não emancipação do dependente menor de vinte e um anos; ou

XVII – quaisquer outros que possam levar à convicção do fato a comprovar.

§ 4º O fato superveniente que importe em exclusão ou inclusão de dependente deve ser comunicado ao Instituto Nacional do Seguro Social, com as provas cabíveis.

§ 14. Caso o dependente só possua um dos documentos a que se refere o § 3º produzido em período não superior a vinte e quatro meses anteriores à data do óbito ou do recolhimento à prisão, a comprovação de vínculo ou de dependência econômica para esse período poderá ser suprida por justificação administrativa, processada na forma prevista nos art. 142 ao art. 151. (Incluído pelo Decreto nº 10.410, de 2020)".

Como já citado no item 3.2.2.3, o STF, nos autos do RE 898.060, com repercussão geral, gerou a edição do Tema 622, pelo qual

"A paternidade socioafetiva, declarada ou não em registro público, não impede o reconhecimento do vínculo de filiação concomitante baseado na origem biológica, com os efeitos jurídicos próprios".

Não obstante, no caso tenha sido discutida a possibilidade da filha ver reconhecido o vínculo com o pai biológico e o pai adotivo, tal fato gera efeitos de mão dupla, ou seja, tanto para o descendente, que possui direitos em relação aos pais reconhecidos, como destes em relação a ela, que podem, portanto, figurar como "pais" para efeitos de dependência previdenciária,

No mesmo sentido lição de Carlos Alberto Pereira de Castro e João Batista Lazzari:

"Não haveria sentido, portanto, em se limitar os efeitos da decisão judicial tomada, em nível de repercussão geral, como se o Direito pudesse ser cindido e a paternidade reconhecida para fins civis fosse "diferente" daquela reconhecida para fins previdenciários".[15]

---

15 *Op. cit.* p. 318.

10. IRMÃOS

De acordo com o artigo 16, III, da Lei 8.213/1991, considera-se dependente:

> "III - o irmão não emancipado, de qualquer condição, menor de 21 (vinte e um) anos ou inválido ou que tenha deficiência intelectual ou mental ou deficiência grave".

De acordo com a jurisprudência do STJ, não importa se a invalidez é anterior ou posterior à maioridade, bastando sua prova e da dependência econômica em relação ao segurado.

> "PREVIDENCIÁRIO. PROCESSUAL CIVIL. VIOLAÇÃO DO ART. 535 DO CPC. DEFICIÊNCIA NA FUNDAMEN-TAÇÃO. SÚMULA 284/STF. PENSÃO POR MORTE. IRMÃO MAIOR E INVÁLIDO. INVALIDEZ SUPERVE-NIENTE À MAIORIDADE. IRRELEVÂNCIA. DEPEN-DÊNCIA ECONÔMICA COMPROVADA.
>
> 1. Não se conhece do Recurso Especial em relação à ofensa ao art.
>
> 535 do CPC quando a parte não aponta, de forma clara, o vício em que teria incorrido o acórdão impugnado. Aplicação, por analogia, da Súmula 284/STF.
>
> 2. É irrelevante o fato de a invalidez ter sido após a maioridade do postulante, uma vez que, nos termos do artigo 16, III c/c parágrafo 4°, da Lei 8.213/91, é devida a pensão por morte, comprovada a dependência econômica, ao irmão inválido ou que tenha deficiência intelectual ou mental que o torne absoluta ou relativamente incapaz, assim declarado judicialmente.

3. Alinhado a esse entendimento, há precedentes do STJ no sentido de que, em se tratando de dependente maior inválido, basta a comprovação de que a invalidez é anterior ao óbito do segurado.

Nesse sentido: AgRg no AREsp 551.951/SP, Rel. Ministra Assusete Magalhães, Segunda Turma, DJe 24/4/2015, e AgRg no Ag 1.427.186/PE, Rel. Ministro Napoleão Nunes Maia Filho, Primeira Turma, DJe 14/9/2012.

4. *In casu*, a instituidora do benefício faleceu em 3.8.2005, a invalidez anterior à data do óbito (1961) e a dependência econômica do irmão foram reconhecidas pelo acórdão recorrido. Portanto, encontram-se preenchidos os requisitos legais para concessão do benefício pleiteado.

5. Recurso Especial parcialmente conhecido e, nessa parte, desprovido".

(STJ, REsp 1618157/SP, Rel. Ministro HERMAN BENJAMIN, SEGUNDA TURMA, julgado em 18/08/2016, DJe 12/09/2016)

11. ORDEM DE DIREITO AO RECEBIMENTO DE BENEFÍCIOS

Nos termos do parágrafo 1º, do artigo 16, da Lei 8.213/1991, a existência de dependente de qualquer das classes deste artigo exclui do direito às prestações os das classes seguintes.

Portanto, o rol do artigo 16, da Lei de Benefícios da Previdência Social traz hipóteses excludentes dos beneficiários.

Assim, os irmãos apenas podem ser como tal considerados caso o segurado não possua pais como dependentes e estes dependem da inexistência de cônjuge, companheira, companheiro, filho não emancipado, menor de 21 anos ou inválido ou que tenha deficiência intelectual ou mental ou deficiência grave e menores sob sua guarda.

12. EXCLUSÃO DA CONDIÇÃO DE DEPENDENTE

De acordo com o artigo 16, § 7°, da Lei 8.213/1991,

> "§ 7° Será excluído definitivamente da condição de dependente quem tiver sido condenado criminalmente por sentença com trânsito em julgado, como autor, coautor ou partícipe de homicídio doloso, ou de tentativa desse crime, cometido contra a pessoa do segurado, ressalvados os absolutamente incapazes e os inimputáveis. (Incluído pela Lei n° 13.846, de 2019)"

Tal regra é condizente com o sistema do Código Civil, prevê que a exclusão da sucessão daquelas que houverem sido autores, coautores ou partícipes de homicídio doloso, tentado ou consumado contra a pessoa de cuja sucessão se tratar, seu cônjuge, companheiro, ascendente ou descendente, na forma do artigo 1.814, I, do Código Civil, de revogação da doação, conforme artigo 557, I, do Código Civil e mesmo do impedimento matrimonial do cônjuge sobrevivente com o condenado por homicídio ou tentativa de homicídio contra o seu consorte (artigo 1.521, VII, do Código Civil)

Trata-se do conceito de indignidade ao recebimento do patrimônio da vítima do crime.

Segundo Orlando Gomes, o fundamento do artigo 1.814, I, do Código Civil:

> "encontra-se, para alguns, na presumida vontade do de cujus, que excluiria o herdeiro se houvesse feito declaração de última vontade. Preferem outros atribuir os efeitos da indignidade, previstos na lei, ao propósito de prevenir ou reprimir o ato ilícito, impondo uma pena civil ao transgressor, independentemente da sanção penal".[16]

---

16 GOMES, Orlando. *Sucessões*. 12ª Edição. Rio de Janeiro: Forense, 2004. p. 32.

De acordo com Carlos Roberto Gonçalves, ao comentar o impedimento matrimonial decorrente do ilícito penal,

> "A *ratio* do impedimento assenta, com efeito, em juízo ético de reprovação, que não incide nos casos de simples culpa. Pela mesma razão, ou seja, por não ter havido intenção de matar, não alcança o impedimento o caso de homicídio preterintencional".[17]

Da mesma forma, o depende que atenta contra a vida do segurado torna-se indigno ao recebimento de benefício previdenciário deste, pelo que a alteração legislativa promovida pela Lei 13.846/2019, que exclui, por comportamento indigno, o direito do dependente de receber benefício deixado pela vítima.

---

17   *Op. cit.* p. 78.

13. DAS INSCRIÇÕES DOS DEPENDENTES

Segundo definição de Carlos Alberto Pereira de Castro e João Batista Lazzari:

> "Inscrição é o ato pelo qual o segurado e o dependente são cadastrados no Regime Geral de Previdência Social, mediante comprovação dos dados pessoais e de outros elementos necessários e úteis a sua caracterização (art. 18 do Decreto nº 3.048/1999)".[18]

O artigo 17, da Lei 8.213/1991 determina incumbir ao segurado a inscrição de seus dependentes, autorizada sua realização pelos beneficiários, caso não tenha o titular a realizado antes de falecer,

O segurado especial deverá promover a inscrição deforma a vinculá-lo ao seu respectivo grupo familiar, com indicação de suas informações pessoais, identificação da propriedade em que desenvolve a atividade e a que título, se nela reside ou o Município onde reside e, quando for o caso, a identificação e inscrição da pessoa responsável pelo grupo familiar.

Caso o segurado especial integrante de grupo familiar não seja proprietário do imóvel rural em que desenvolve sua atividade deverá informar, no ato da inscrição, conforme o caso, o nome do parceiro ou meeiro outorgante, arrendador, comodante ou assemelhado.

De acordo com o artigo 17, § 7º, da Lei 8.213/1991, não se admite a inscrição *post mortem* de segurado contribuinte individual e de segurado facultativo.

---

18 *Op. cit.* p. 333.

13.1. DOCUMENTOS PARA INSCRIÇÃO DOS DEPENDENTES

Nos termos do art. 22 do RPS, aprovado pelo Decreto n°
3.048/99, a inscrição do dependente do segurado será promovida
quando do requerimento do benefício a que tiver direito, mediante
a apresentação dos seguintes documentos:

I - para os dependentes preferenciais:
a) cônjuge e filhos – certidões de casamento e de nascimento;
b) companheira ou companheiro – documento de identidade e
   certidão de casamento com averbação da separação judicial
   ou divórcio, quando um dos companheiros ou ambos já tive-
   rem sido casados, ou de óbito, se for o caso; e
c) equiparado a filho – certidão judicial de tutela e, em se tratando de enteado, certidão de casamento do segurado e de
   nascimento do dependente, observado o disposto no § 3° do
   art. 16 do RPS;

NOTA:

Transcrevemos, a seguir, o art. 16, § 3°, do RPS, aprovado pelo
Decreto n° 3.048/99:
" ....
Art.16 - São beneficiários do Regime Geral de Previdência
Social, na condição de dependentes do segurado:
I - o cônjuge, a companheira, o companheiro e o filho não
emancipado de qualquer condição, menor de vinte e um anos
ou inválido;
II - os pais; ou
III - o irmão não emancipado, de qualquer condição, menor
de vinte e um anos ou inválido.
....

§ 3º - Equiparam-se aos filhos, nas condições do inciso I, mediante declaração escrita do segurado, comprovada a dependência econômica na forma estabelecida no § 3º do art. 22, o enteado e o menor que esteja sob sua tutela e desde que não possua bens suficientes para o próprio sustento e educação.

§ 5º - Considera-se companheira ou companheiro a pessoa que mantenha união estável com o segurado ou segurada".

II - pais – certidão de nascimento do segurado e documentos de identidade dos mesmos; e

III - irmão – certidão de nascimento.

Para comprovação do vínculo e da dependência econômica, conforme o caso, devem ser apresentados, no mínimo, três dos seguintes documentos:

a) certidão de nascimento de filho havido em comum;
b) certidão de casamento religioso;
c) declaração do imposto de renda do segurado, em que conste o interessado como seu dependente;
d) disposições testamentárias;
e) declaração especial feita perante tabelião;
f) prova de mesmo domicílio;
g) prova de encargos domésticos evidentes e existência de sociedade ou comunhão nos atos da vida civil;
h) procuração ou fiança reciprocamente outorgada;
i) conta bancária conjunta;
j) registro em associação de qualquer natureza, onde conste o interessado como dependente do segurado;
k) anotação constante de ficha ou livro de registro de empregados;
l) apólice de seguro da qual conste o segurado como instituidor do seguro e a pessoa interessada como sua beneficiária;
m) ficha de tratamento em instituição de assistência médica, da qual conste o segurado como responsável;

n) escritura de compra e venda de imóvel pelo segurado em nome de dependente;

o) declaração de não emancipação do dependente menor de 21 anos; ou

p) quaisquer outros que possam levar à convicção do fato a comprovar.

O fato superveniente que importe em exclusão ou inclusão de dependente deve ser comunicado ao Instituto Nacional do Seguro Social, com as provas cabíveis.

Somente será exigida a certidão judicial de adoção quando esta for anterior a 14/10/1990, data da vigência da Lei nº 8.069/90.

No caso de dependente inválido, para fins de inscrição e concessão de benefício, a invalidez será comprovada mediante exame médico-pericial a cargo do Instituto Nacional do Seguro Social.

No ato de inscrição, o dependente menor de 21 anos deverá apresentar declaração de não emancipação.

Os dependentes excluídos de tal condição em razão de lei têm suas inscrições tornadas nulas de pleno direito.

No caso de equiparado a filho, a inscrição será feita mediante a comprovação da equiparação por documento escrito do segurado falecido manifestando essa intenção, da dependência econômica e da declaração de que não tenha sido emancipado.

Os pais ou irmãos deverão, para fins de concessão de benefícios, comprovar a inexistência de dependentes preferenciais, mediante declaração firmada perante o Instituto Nacional do Seguro Social.

13.2. COMPROVAÇÃO DA DEPENDÊNCIA ECONÔMICA

Para a comprovação da dependência econômica devem ser apresentados pelo menos dois dos seguintes documentos, dentre outros:

"I – certidão de nascimento de filho havido em comum;

II – certidão de casamento religioso;

III – declaração do imposto de renda do segurado, em que conste o interessado como seu dependente;

IV – disposições testamentárias;

V – revogado;

VI – declaração especial feita perante tabelião;

VII – prova de mesmo domicílio;

VIII – prova de encargos domésticos evidentes e existência de sociedade ou comunhão nos atos da vida civil;

IX – procuração ou fiança reciprocamente outorgada;

X – conta bancária conjunta;

XI – registro em associação de qualquer natureza, onde conste o interessado como dependente do segurado;

XII – anotação constante de ficha ou livro de registro de empregados;

XIII – apólice de seguro da qual conste o segurado como instituidor do seguro e a pessoa interessada como sua beneficiária;

XIV – ficha de tratamento em instituição de assistência médica, da qual conste o segurado como responsável;

XV – escritura de compra e venda de imóvel pelo segurado em nome de dependente;

XVI – declaração de não emancipação do dependente menor de vinte e um anos; ou

XVII – quaisquer outros que possam levar à convicção do fato a comprovar".

Trata-se, portanto, de rol meramente exemplificativo e, assim, pode ser provada a dependência econômica por qualquer outro meio idôneo.

Caso o dependente apenas possuía documentos anteriores aos vinte e quatro meses da data do óbito ou do recolhimento à prisão, a comprovação de vínculo ou de dependência econômica para esse período poderá ser suprida por justificação administrativa.

FAZ-SE NECESSÁRIA QUE A DEPENDÊNCIA EM RELAÇÃO AO SEGURADO SEJA TOTAL?

A lei não exige que a comprovação de dependência econômica do dependente em relação ao segurado seja total, bastando que seja substancial, isto é, que o auxílio do segurado seja importante às necessidades vitais do dependente (v. art. 22, parágrafo segundo da Instrução Normativa INSS 20/07). Ou seja, a percepção de rendimentos pelo dependente não exclui, por si só, o direito à pensão por morte. (Esta observação é feita para os dependentes das classes II e III, uma vez que os dependentes de classe I não precisam comprovar dependência econômica, eis que esta é presumida de forma absoluta pela lei, no artigo 16, parágrafo quarto, da Lei 8.213/91).

13.3. COMPROVAÇÃO DE INVALIDEZ

A inscrição do dependente inválido ou com deficiência intelectual, mental ou grave depende da comprovação, por meio de exame médico-pericial a cargo da Perícia Médica Federal e a deficiência, por meio de avaliação biopsicossocial realizada por equipe multiprofissional e interdisciplinar.

13.4. DEPENDENTE MENOR DE IDADE

Para a inscrição do dependente menor de 21 anos exige a apresentação de declaração de não ocorrência dos seguintes fatos, na forma do artigo 17, III, do Decreto 3.048/1999.

"a) casamento;

b) início do exercício de emprego público efetivo;

c) constituição de estabelecimento civil ou comercial ou pela existência de relação de emprego, desde que, em função deles, o menor com dezesseis anos completos tenha economia própria; ou

d) concessão de emancipação, pelos pais, ou por um deles na falta do outro, por meio de instrumento público, independentemente de homologação judicial, ou por sentença judicial, ouvido o tutor, se o menor tiver dezesseis anos completos"

13.5. PAIS E IRMÃOS

Em razão da ordem de preferência legal para recebimento de benefícios, prevista no artigo 16, § 1º, da Lei 8.213/1991, com exclusão do direito dos demais dependentes, exige-se dos pais e irmão a comprovação de inexistência de dependentes preferenciais, mediante declaração firmada perante o Instituto Nacional do Seguro Social.

13.6. JUSTIFICAÇÃO ADMINISTRATIVA

A justificação administrativa é o recurso utilizado para suprir a falta ou insuficiência de documento ou para produzir prova de fato ou circunstância de interesse dos beneficiários, perante a previdência social.

Tal procedimento pode ser realizado para comprovar fatos, salvo quando a lei exija forma solene para sua comprovação, como, por exemplo, registro público de casamento, de idade ou de óbito e demais atos em relação aos quais a lei prescreva forma especial.

O procedimento tramita de forma vinculada com a atualização de dados do CNIS, não podendo tramitar de modo autônomo.

O artigo 143, do Decreto 3.048/1999, com redação dada pelo Decreto 10.140/2020, exige:

"Art. 143. A justificação administrativa ou judicial, para fins de comprovação de tempo de contribuição, dependência econômica, identidade e relação de parentesco, somente produzirá efeito quando for baseada em início de prova material contemporânea dos fatos e não serão admitidas as provas exclusivamente testemunhais.

§ 1º Será dispensado o início de prova material quando houver ocorrência de motivo de força maior ou de caso fortuito.

§ 2º Caracteriza motivo de força maior ou caso fortuito a verificação de ocorrência notória, tais como incêndio, inundação ou desmoronamento, que tenha atingido a empresa na qual o segurado alegue ter trabalhado, devendo ser comprovada mediante registro da ocorrência policial feito em época própria ou apresentação de documentos contemporâneos dos fatos, e verificada a correlação entre a atividade da empresa e a profissão do segurado.

§ 3º Se a empresa não estiver mais em atividade, deverá o interessado juntar prova oficial de sua existência no período que pretende comprovar.

§ 4º No caso dos segurados empregado doméstico e contribuinte individual, após a homologação do processo, este deverá ser encaminhado ao setor competente de arrecadação para levantamento e cobrança do crédito".

De acordo com o artigo 144, do Decreto 3.048/1999:

"Art. 144. A homologação da justificação judicial processada com base em prova exclusivamente testemunhal dispensa a justificação administrativa, desde que complementada com início de prova material contemporânea dos fatos. (Redação dada pelo Decreto nº 10.410, de 2020)

Parágrafo único. A inclusão, a exclusão, a ratificação e a retificação de vínculos, remunerações e contribuições, ainda que reconhecidos em ação trabalhista transitada em julgado, dependerão da existência de início de prova material contemporânea dos fatos. (Incluído pelo Decreto n° 10.410, de 2020)".

A parte interessada deverá apresentar requerimento com exposição clara e minuciosa dos pontos que pretende justificar e indicar o mínimo de duas e o máximo de seis testemunhas para comprovação de suas alegações, não podendo prestar depoimentos:

a) os menores de dezesseis anos; e
b) o cônjuge, o companheiro ou a companheira, os ascendentes, os descendentes e os colaterais, até o terceiro grau, por consanguinidade ou afinidade.

A decisão da autoridade competente do Instituto Nacional do Seguro Social que considerar eficaz ou ineficaz a justificação administrativa é irrecorrível.

A justificação administrativa será processada sem ônus para o interessado.

14. PERDA DA QUALIDADE DE DEPENDENTES

De acordo com o artigo 17, do Decreto 3.048/1999, ocorrerá a perda da qualidade de dependente:

a) para o cônjuge. Pelo divórcio ou pela separação judicial ou de fato, enquanto não lhe for assegurada a prestação de alimentos, pela anulação do casamento, pelo óbito ou por sentença judicial transitada em julgado;

b) para os companheiros. Pela cessação da união estável, enquanto não lhe for garantida a prestação de alimentos;

c) para o filho e o irmão, de qualquer condição. Ao completarem vinte e um anos de idade, salvo se inválidos, desde que a invalidez tenha ocorrido antes:

I- do casamento;

II- do início do exercício de emprego público efetivo;

III- da constituição de estabelecimento civil ou comercial ou da existência de relação de emprego, desde que, em função deles, o menor com dezesseis anos completos tenha economia própria; ou

IV- concessão de emancipação, pelos pais, ou por um deles na falta do outro, por meio de instrumento público, independentemente de homologação judicial, ou por sentença judicial, ouvido o tutor, se o menor tiver dezesseis anos completos; e

Não perderão, entretanto, a condição de dependentes, o filho, o irmão, o enteado e o menor tutelado, quando comprovada a dependência econômica, desde que a invalidez ou a deficiência intelectual, mental ou grave tenha ocorrido antes da ocorrência das hipóteses acima.

a) para os dependentes em geral:

I- pela cessação da invalidez ou da deficiência intelectual, mental ou grave; ou

II- pelo falecimento.

15. ESPÉCIES DE PRESTAÇÕES

De acordo com o artigo 18, da Lei 8.213/1999, são benefícios devidos aos dependentes:
a) pensão por morte;
b) auxílio-reclusão;
c) serviço social; e
d) reabilitação profissional.

16. QUALIDADE DE SEGURADO

A qualidade de segurado é uma condição atribuída a todo cidadão filiado ao INSS que possua inscrição junto à Previdência Social e realize pagamentos mensais. É indispensável no ato do requerimento do benefício, em obediência ao caráter contributivo da previdência. O dependente deixa de receber o benefício por ausência de qualidade de segurado. É exigida a qualidade de segurado para os seguintes benefícios:

- Aposentadoria;
- Aposentadoria por Invalidez;
- Aposentadoria Especial;

- Auxílios;
- incapacidade temporária (antigo auxílio Doença);
- Acidente;
- Reclusão;
- Salários
- Família;
- Maternidade;
- Pensão por Morte.

Importante esclarecer que o MOMENTO DE AQUISIÇÃO da qualidade de segurado é:

★ CONTRIBUINTE INDIVIDUAL ➤ com a PRIMEIRA CONTRIBUIÇÃO vertida ao INSS.
★ DEMAIS SEGURADOS (Empregado, Doméstico, Individual prestador de serviços, Avulso e Especial) ➤ com o início da prestação de serviços (ainda que a empresa não tenha efetivamente vertido a contribuição ao INSS).

(art. 15, da Lei 8.213/91)
Logo uma vez adquirida a qualidade de segurado – com o efetivo labor ou pagamento – (ainda que com uma ÚNICA CONTRIBUIÇÃO) é aplicável o art. 15, da Lei 8.213/91 e art. 13/14 do Decreto 3.048 sendo aplicável a manutenção extraordinária da qualidade de segurado que é taxativa ao constar o termo "INDEPENDENTE DE CONTRIBUIÇÕES".

Existem benefícios que não estão vinculados a qualidade de segurado, portanto, independem a comprovação da qualidade de segurado:

Aposentadoria por idade
Aposentadoria por tempo de contribuição
Aposentadoria da Pessoa com deficiência

> Pensão por morte – SOMENTE quando preenchidos os requisitos para concessão de aposentadoria em vida pelo segurado. Nos demais casos da pensão por morte é exigida a qualidade de segurado.

16.1. PERÍODO DE GRAÇA

O período de graça é simplesmente a MANUTENÇÃO DA QUALIDADE DE SEGURADO mesmo que a pessoa não esteja contribuindo ao INSS. É a extensão da qualidade de segurado pelo INSS. Entretanto, para isso é necessário o cumprimento de alguns requisitos – e um deles é estar na qualidade de segurado.

16.2. MANUTENÇÃO DA QUALIDADE DE SEGURADO

A MANUTENÇÃO da qualidade de segurado pode ocorrer de duas formas:

MANUTENÇÃO ORDINÁRIA ➤ quando o segurado mantém a condição de segurado OBRIGATÓRIO (empregado, Doméstico, Individual, Avulso e Especial) ou PAGAMENTO (no caso de segurado facultativo).

MANUTENÇÃO EXTRAORDINÁRIA ➤ se mantém nas hipóteses do art. 15, da Lei 8.213/91 e art. 13/14 do Decreto 3.048.

Sem limite de prazo, quem está em gozo de benefício, QUALQUER BENEFÍCIO inclusive seguro-desemprego, exceto:

Exceto o auxílio-acidente! Após o art. 24 da Lei 13.846/19 nesse período deve manter os recolhimentos. Antes desta lei o segurado tem direito adquirido. Antes desta alteração o auxílio acidente mantinha a qualidade de segurado (direito adquirido).

Até 12 meses após a cessação das contribuições, o segurado que deixar de exercer atividade remunerada (TODOS OS OBRIGATÓRIOS, exceto facultativo inciso VI) abrangida pela Previdência Social ou estiver suspenso ou licenciado sem remuneração; (desemprego)

Seguro-desemprego: é benefício previdenciário e mantém a condição de segurado (art. 7°, inciso II, da CF e art. 201, inciso III, da CF). Entretanto, o marco inicial se da após o último dia da relação de trabalho encerrada, e não do final da percepção do seguro desemprego (entendimento jurisprudencial que regulamentou a omissão da lei, exceto na vigência da MP 905/19, art. 43). Sobre o seguro INDIVIDUAL, computa-se a partir da "ultima competência" recolhida.

Até 12 meses após cessar a segregação, o segurado acometido de doença de segregação compulsória;

Até 12 meses após o livramento, o segurado retido ou recluso;

Atenção: deve ter qualidade de segurado no momento da prisão!

Até 3 meses após o licenciamento, o segurado incorporado às Forças Armadas para prestar serviço militar;

Atenção: aquele que já era segurado antes de prestar o serviço militar permanece nessa condição durante o período junto as Forças Armadas, até 3 meses depois do licenciamento ou baixa.

Até 6 meses após a cessação das contribuições, o segurado FACULTATIVO.

★★★ Até 12 meses após a cessação do benefício por incapacidade (temporária ou permanente). Previsão que não está presente no rol do artigo 15 da 8.213, mas que encontra permissivo no artigo 13, II do Decreto 3.048/99, com redação dada pelo Decreto n° 10.491, de 2020 ★★★.

MANUTENÇÃO da Qualidade de Segurado prevista na IN 77/2015

A IN 77/2015 no seu artigo 137, parágrafos 7° a 9° regulamenta sobre a manutenção da qualidade de segurado:

§ 7° O segurado FACULTATIVO, APÓS A CESSAÇÃO DE BENEFÍCIOS POR INCAPACIDADE (auxílio doença, e aposentadoria por invalidez) e SALÁRIO-MATERNIDADE, manterá a qualidade de segurado pelo prazo de doze meses;

§ 8° O segurado OBRIGATÓRIO que, durante o gozo de período de graça [12 (doze), 24 (vinte e quatro) ou 36 (trinta e seis) meses, conforme o caso], se filiar ao RGPS na categoria de facultativo, ao deixar de contribuir nesta última (facultativo), terá direito de usufruir o período de graça de sua condição anterior (obrigatório), se mais vantajoso; (filiou-se no período de graça)

§ 9° O segurado OBRIGATÓRIO que, durante o período de manutenção da qualidade de segurado decorrente de percepção do benefício por incapacidade, salário maternidade ou auxílio-reclusão, se filiar ao RGPS na categoria de facultativo, terá direito de usufruir do período de graça decorrente da sua condição anterior, se mais vantajoso. (se filou durante percebimento benefício)

16.3. EXTENSÃO DA QUALIDADE DE SEGURADO

O artigo 15, da Lei 8.213/91, ainda nos seus parágrafos trazem situações em que o período de graça estabelecido em seu artigo será ESTENDIDO nos seguintes casos:

- 12 meses extensivo aos segurados nos termos do inciso II, do art. 15, da Lei 8.213/91 (Todos os segurados obrigatórios que deixarem de exercer atividade remunerada). Administrativamente o INSS entende como comprovação de desemprego o recebimento do seguro-desemprego ou cadastro no SINE (previsão da IN 77). Judicialmente a lei não restringe os meios de prova, podendo ainda ser provado por CTPS sem anotação ou prova exclusivamente testemunhal (porém é prova fraca – mas vale o livre convencimento do juiz). Logo, a ausência de registros no CNIS e na CTPS não constitui prova cabal do desemprego (STJ, Pet 7.115/PR).

§ 2° Os prazos do inciso II ou do § 1° serão acrescidos de 12 (doze) meses para o segurado desempregado, desde que COMPROVADA ESSA SITUAÇÃO PELO REGISTRO NO ÓRGÃO PRÓPRIO DO MINISTÉRIO DO TRABALHO e da Previdência Social.

Judicialmente a Súmula 27, da TNU prevê que o segurado pode provar por meio de outros meios de prova a efetiva condição de trabalho não remunerado (seguro-desemprego, SINE, PAT etc.). "A ausência de registro em órgão do Ministério do Trabalho não impede a comprovação do desemprego por outros meios admitidos em Direito".

Jurisprudência STJ "Dessa forma, esse registro não deve ser tido como o único meio de prova da condição de desempregado do segurado, especialmente considerando que, em âmbito judicial, prevalece o livre convencimento motivado do Juiz e não o sistema de tarifação legal de provas. Assim, o registro perante o Ministério do Trabalho e da Previdência Social poderá ser suprido quando for comprovada tal situação por outras provas constantes dos autos, inclusive a testemunhal" (Pet nº 7.115 / 3ª Seção, Rel Min Napoleão Nunes Maia Filho, DJE 6 4 2010.

TEMA 239 TNU ➤ Contribuinte INDIVIDUAL pode requerer prorrogação do período de graça pelo desemprego:
PEDIDO DE UNIFORMIZAÇÃO DE INTERPRETAÇÃO DE LEI FEDERAL PREVIDENCIÁRIO INCAPACIDADE QUALIDADE DE SEGURADO EXTENSÃO DO PERÍODO DE GRAÇA CONTRIBUINTE INDIVIDUAL SITUAÇÃO INVOLUNTÁRIA DE NÃO TRABALHO INCIDENTE CONHECIDO E DESPROVIDO. 5. A Turma Nacional de Uniformização firmou tese de que o período de graça previsto no artigo 15 § 2º, da Lei nº 8.213/91 também é aplicável para os contribuintes individuais (PEDILEF nº 0500946-65.2014.4.05.8400 (PROCESSO 5009209-81.2014.4.04.7205 ORIGEM: SC SEÇÃO JUDICIÁRIA DE SANTA CATARINA).

- 24 meses de manutenção de segurado se "nunca perdeu a qualidade de segurado" por mais de 10 anos. Será prorrogado para até 24 meses se o segurado já tiver pago mais de 120 contribuições mensais (no mínimo 121) sem interrupção que acarrete a perda da qualidade de segurado. Note que o dispositivo não fala que o segurado tem que verter 121 contribuições consecutivas, e sim, que ele NÃO PODE PERDER A QUALIDADE DE SEGURADO EM nesse período.

§ 1º O prazo do inciso II será prorrogado para até 24 (vinte e quatro) meses se o segurado já tiver pago mais de 120 (cento e vinte) contribuições mensais sem interrupção que acarrete a perda da qualidade de segurado.

TNU, PUIL 0001377-02.2014.4.03.6303/SP: determinou que a extensão de mais 12 meses incorpora definitivamente ao patrimônio jurídico do segurado quando houver contribuído por mais de 120 meses sem interrupção que acarrete a perda da qualidade de segurado e TEMA 255 TNU/2020.

Apenas para entendimento, a corrente minoritária defende que a extensão é aplicável inclusive para períodos descontínuos (com perda da qualidade de segurado), vejamos:

"Muito embora a norma legal preveja que sejam necessárias 120 (cento e vinte) contribuições mensais sem interrupção que acarrete a perda da qualidade de segurado entendemos que a prorrogação se aplica também aos casos em que esse quantitativo é atingido de forma descontínua (com perda da qualidade de segurado) Isso porque, com o reingresso do segurado ao sistema, as contribuições anteriores são computadas, inclusive, para efeito de carência É possível identificar precedentes jurisprudenciais que adotam a orientação da possibilidade de as contribuições serem feitas de forma descontínua v g TRF/4 AC 92 0428875 2 / DJ 29 10 1997 APELREEX 2008. 71.07.002421-5 de 16.3.2010 (Castro, Carlos Alberto Pereira de Manual de Direito Previdenciário Carlos Alberto Pereira de Castro, João Batista Lazzari. 23 ed. – Rio de Janeiro Forense, 2020).

- 36 meses se o segurado cumular as 121 contribuições ininterruptas + se deixou de contribuir em razão de desemprego comprovado (seguro-desemprego).

16.4. PERDA DA QUALIDADE DE SEGURADO

Alterada pela MP 871/19 e EC 103/19

A perda da qualidade de segurado ocorrerá no dia seguinte ao do término do prazo para recolhimento da contribuição referente ao mês imediatamente posterior ao do final dos prazos fixados neste artigo e seus parágrafos (§ 4° 15 8.213/91).

Melhor explicando este dispositivo, perde-se a qualidade de segurado no dia seguinte, do mês posterior ao final do prazo do período de graça em seu último dia de prazo para recolhimento. Para analisar a efetiva data da perda da qualidade de segurado precisamos analisar quatro passos:

Verificar a última contribuição do segurado (tendo como base o mês de referência);

Projetar os meses do período de graça nos termos do artigo 15 da Lei 8.213/91 (06/12/24/36 meses);

Art.15, II da 8.213/91 ➤ + 12 MESES ➤ por deixar de exercer atividade remunerada;

Art.15, § 1° da 8.213/91 ➤ + 12 MESES ➤ por possuir 121 contribuições continuas;

Art.15, § 2° da 8.213/91 ➤ + 12 MESES ➤ por comprovada a situação de desemprego.

Aplicar o mês imediatamente posterior;

Utilizar como prazo ad quem o último dia para recolhimento da contribuição.

16.5. RECUPERAÇÃO DA QUALIDADE DE SEGURADO

Uma vez perdida a qualidade do segurado, assegura o artigo 27-A da Lei 8.213/91 decorrente da conversão da MP na Lei 13.846/2019 que recupera a qualidade de segurado, com a metade da carência exigida a cada benefício:

Art. 27-A Na hipótese de perda da qualidade de segurado, para fins da concessão dos benefícios de auxílio-doença, de aposentadoria por invalidez, de salário-maternidade e de auxílio-reclusão, o segurado deverá contar, a partir da data da nova filiação à Previdência Social, com metade dos períodos previstos nos incisos I, III e IV do *caput* do art. 25 desta Lei." (NR)

Logo, o segurado que voltou a contribuir após a perda da qualidade de segurado, ao contribuir com a metade da carência exigida (6 meses) ganha o direito de destravar o período anterior e somar com todas as suas contribuições anteriores à perda da qualidade de segurado, para que totalize os 12 meses de carência exigida.

17. CERTIDÃO DE DEPENDENTES DO INSS

A Certidão de Dependente do INSS é um documento muito importante, que tem como objetivo comprovar que a pessoa é efetivamente dependente do falecido ou, caso não seja, comprovar a ausência de outro dependente vivo.

O extrato evita fraudes e também auxilia em outros serviços, como a quitação do FGTS de familiar falecido.

Os dependentes previdenciários são as pessoas que, embora não contribuam para a previdência social, constam da Lei de Benefícios como beneficiários potenciais do regime geral (RGPS) por manterem vínculo familiar com segurado do INSS. Ou seja, dependentes também são beneficiários do INSS de acordo com o artigo 10 da Lei nº 8 213/1991.

Deve ser lembrado que uma pessoa deixa de ser dependente se for condenada por crime doloso com sentença transitada em julgado, como autor, autor ou participante de homicídio doloso ou tentativa de cometer tal crime contra alguém. Um segurado, exceto aqueles que são totalmente inválidos e que não trabalham, podem ser processados.

17.1. O QUE É CERTIDÃO DE DEPENDENTE DO INSS?

INSS certidão de dependentes é um documento que comprova se o falecido tem ou não dependentes. Geralmente é concedido pelo INSS aos trabalhadores do setor privado ou pelo órgão responsável pela gestão dos benefícios previdenciários dos servidores públicos de seu sistema previdenciário (RPPS).

A certidão é utilizada para informar ao INSS ou a um funcionário que é dependente do falecido, por exemplo, no pedido de pensão por morte. Também pode ser utilizado na Certidão de Existência de dependentes pensionistas por morte.

17.2. PARA QUE SERVE A CERTIDÃO DE DEPENDENTE DO INSS?

A certidão de dependente do INSS certifica os dependentes do falecido. Ou seja, seu principal objetivo é garantir que haja dependentes que possam receber o benefício referente ao falecido. Isso evita fraudes por terceiros e pagamento de benefícios para a pessoa errada.

17.3. QUEM PODE SOLICITAR A CERTIDÃO DE DEPENDENTE?

O INSS definiu as pessoas que podem solicitar certidão de seus dependentes sem autorização judicial. São eles:

- Marido;
- Filho ou filha;
- Pai e mãe;
- Avô;
- Neto;
- Irmão.

Além deles, a certidão poderá ser solicitada por representante legal ou procurador munido de termo de representação ou procuração. Outras pessoas já podem se inscrever com permissão do tribunal, como um primo ou tio que tenha uma ordem judicial permitindo o acesso.

Também é importante entender as categorias de dependentes porque isso determina a prioridade da pensão por morte.

17.4 QUAIS BENEFÍCIOS E SERVIÇOS PREVIDENCIÁRIOS OS DEPENDENTES TÊM DIREITO?

A Certidão de Dependentes INSS será necessária para ter direito a alguns benefícios e serviços previdenciários. Os dependentes têm direito aos seguintes benefícios:

- Pensão por morte;
- Auxílio-reclusão;
- Serviço social; e
- Reabilitação profissional.

17.4.1. PENSÃO POR MORTE

A Pensão por morte é um benefício previdenciário devido aos dependentes do segurado que faleceu ou que teve sua morte declarada judicialmente, em caso de desaparecimento, estando este aposentado ou não. O objetivo desse benefício é que os dependentes do falecido não sofram prejuízos financeiros na família.

Todos os dependentes que citamos nas três classes têm direito a Pensão por Morte, porém é necessário comprovar que realmente era um dependente do falecido, ou seja, precisa ser economicamente dependente do falecido.

Além disso, existem regras básicas e de classificação dos dependentes. Os dependentes de classe superior excluem os de classe inferior, por exemplo, se há apenas um dependente de Classe 1 e dezoito dependentes de Classe 2 e 3, será o primeiro que receberá o benefício.

Já se houver mais de um dependente de Classe 1, ambos irão dividir o benefício igualmente entre si. O valor da Pensão por Morte é equivalente ao que o falecido teria direito se fosse aposentado.

17.4.2. AUXÍLIO-RECLUSÃO

O Auxílio-reclusão é um direito dos dependentes do segurado de baixa renda recolhido à prisão em regime fechado que não recebe remuneração e nem está em gozo de auxílio-doença, de pensão por morte, de salário-maternidade, de aposentadoria ou de abono de permanência em serviço.

Os requisitos para ter direito ao auxílio são ter a média dos salários de contribuição apurados no período de 12 meses anteriores ao mês do recolhimento à prisão esteja dentro do limite previsto pela legislação e que o segurado tenha contribuído por pelo menos 24 meses, antes de ser preso.

17.4.3. SERVIÇO SOCIAL

O Serviço social é outro dos benefícios que o dependente tem direito. É a possibilidade de atendimento que o cidadão tem para esclarecer quais são os seus "direitos sociais" e qual o meio adequado para poder exercê-los.

Isso acontece a partir de uma Assistente Social do INSS que ajudará no sentido de buscar uma solução para os problemas que surgirem na relação entre o cidadão e o INSS.

Todos os segurados, dependentes e demais usuários da Previdência Social têm direito a esse serviço.

17.4.4. REABILITAÇÃO PROFISSIONAL

Por último, temos ainda a Reabilitação profissional. Um serviço prestado pelo INSS para proporcionar ao beneficiário parcial ou totalmente incapacitado para o trabalho e também para as pessoas portadoras de deficiência, os meios para a reeducação e de readaptação profissional e social indicados para participar do mercado de trabalho e do contexto em que vivem.

Sendo assim, o INSS oferece serviços de orientação, a fim de proporcionar a reinserção do segurado ao mercado de trabalho. O Instituto fornece também:

Aparelho de prótese, órtese e instrumentos de auxílio para locomoção quando a perda ou redução da capacidade funcional puder ser atenuada por seu uso e dos equipamentos necessários à habilitação e reabilitação social e profissional;

A reparação ou a substituição dos aparelhos mencionados no tópico anterior, desgastados pelo uso normal ou por ocorrência estranha à vontade do beneficiário;

O transporte do acidentado do trabalho, quando necessário.

17.5. EXISTE A POSSIBILIDADE DE TROCAR UM DEPENDENTE PARA O OUTRO?

Não existe a possibilidade de trocar de um dependente para o outro. Após um dependente não ter mais direito a receber o benefício – por quaisquer motivos que sejam –, outro dependente que antes tinha ficado excluído não pode passar a receber.

Isso acontece porque a análise dos dependentes é feita pelo INSS no momento do pedido de Pensão por Morte, quando também são identificados os dependentes que têm direito a receber e exclui-los.

O que pode acontecer é uma habilitação tardia. Ou seja, quando um dependente que não havia pedido a Pensão por Morte a princípio, pode passar a receber quando perceber que tem direito ao benefício.

Saber da existência da Certidão de Dependentes INSS e como solicitar o documento pode ser o caminho para que um dependente tenha direito aos benefícios destinados aos mesmos. Seu objetivo principal é analisar os dependentes que realmente possuem o direito aos benefícios e evitar fraudes.

18. ACÚMULO DE BENEFÍCIOS PREVIDENCIÁRIOS

Entende-se por cumulação de benefício a possibilidade do dependente receber mais de um benefício previdenciário ao mesmo tempo, desde que, cumprido os requisitos exigidos para cada um deles.

Explicando melhor, caso uma pessoa em gozo de pensão por morte, completas os requisitos para também implementar uma aposentadoria por idade, ela poderá manter os dois benefícios, sem problema algum. Entretanto, essa cumulação não é permitida para todo e qualquer benefício, então passamos a estudar o artigo 124 da Lei 8.213/91, regulamentado pelo artigo 167 do Decreto 3.048/99 acerca da VEDAÇÃO aos casos de cumulação:

- aposentadoria e auxílio por incapacidade temporária (antigo auxílio-doença); Decreto nº 10.410, de 2020
- mais de uma aposentadoria; (Lei nº 9.032, de 1995)
- aposentadoria e abono de permanência em serviço;
- salário-maternidade e auxílio por incapacidade temporária (antigo auxílio-doença); Decreto nº 10.410, de 2020
- mais de um auxílio-acidente; (Lei nº 9.032, de 1995)
- mais de uma pensão deixada por cônjuge ou companheiro, ressalvado o direito de opção pela mais vantajosa (§ 1º 167 Decreto 3.048). (Lei nº 9.032, de 1995). Novo casamento não cessa a pensão por morte recebida, entretanto, o óbito do atual companheiro não gera direito à cumulação de ambas as pensões por morte, mas pode optar pela segunda se o benefício for maior que a primeira já instituída.

AUTORIZADA A CUMULAÇÃO deixada por parentescos distintos (cônjuge/companheiro + pai + mãe + filhos).

- auxílio-acidente com qualquer aposentadoria.
- SEGURO DESEMPREGO com qualquer benefício, exceto pensão por morte, auxílio reclusão, auxílio-acidente, auxílio suplementar ou auxílio de permanência em serviço (§ 2º do Decreto 3.048). (Lei nº 9.032, de 1995)
- Auxílio Reclusão sendo pago aos beneficiários, impede a cumulação pelo recluso ao benefício de aposentadoria e salário maternidade, salvo pela opção do benefício mais vantajoso que deve ser feita pelo RECLUSO + DEPENDENTES (§ 4º do artigo 167 do Decreto 3.048).
- LOAS (BPC) com qualquer benefício previdenciário (§ 4º do artigo 20 da Lei 8.792/93), assegurado a opção do benefício mais vantajoso prevista no artigo 533 da IN77, exceto nos casos de aposentadorias programáveis que são irrenunciáveis nos termos do art. 181-B do RPS, mas totalmente renunciáveis às pensões.

Por exceção ao artigo anterior, PODEM SER CUMULADOS:
- Pensão por morte do cônjuge/companheiro RGPS + Pensão por morte demais regimes;
- Pensão por morte do cônjuge/companheiro RGPS + Pensões dos militares (42 e 142 CF/88);
- Pensão por morte do cônjuge/companheiro RGPS + Aposentadoria RGPS ou Próprio;
- Pensão por morte do cônjuge/companheiro RGPS + Benefícios da inatividade militar (42 e 142 CF/88);
- Pensões Militar (42 e 142 CF/88) + Aposentadoria RGPS ou Regime Próprio;
- Benefício previdenciário + Benefício da Talidomida – Lei 7.070/82 (§ 3º do art. 167 do Decreto 3.048)

NOTA IMPORTANTE: É lícito ao segurado aposentado pelas aposentadorias programáveis (idade e tempo de contribuição) oportunidade em que será a contribuição obrigatória (com contribuição obrigatória), assegurada a aposentadoria implementada mais os salários mensais, exceto os segurados aposentados especiais, que ficam vedados aposentarem e continuarem exercendo o LABOR ESPECIAL (prejudicial à saúde), contudo, autorizado o labor em condições não degradantes.

Ademais, prevê o artigo 173 do Decreto 3.048/99, que o segurado aposentado que voltar a contribuir à previdência fará jus apenas ao salário família, reabilitação profissional e salário maternidade como retribuição às contribuições.Vedada outras cumulações. Inclusive esses valores já não servem mais para requerer a revisão do benefício concedido (teses de desaposentação vencidas).

19. TEMAS RELEVANTES

Prova da união estável: o art. 16, § 5º, da Lei 8.213/91, alterado pela MP 871/19, diz que é necessária a apresentação de início de prova material contemporâneo (não superior a 24 meses anterior à data do óbito/prisão), para a comprovação da união estável, para fins previdenciários, não se admitindo prova exclusivamente testemunhal. NOTA a declaração de união estável ou mesmo a própria sentença judicial que reconheceu a união estável, não é prova absoluta da união, é apenas um dos documentos contemporâneos que indicam a existência da união (§ 4º do artigo 135 da IN 77):

Prorrogação da pensão por morte para o filho universitário ou estudante curso técnico: NÃO é possível, pois o tema já foi julgado em sede de recurso repetitivo no REsp repetitivo 1.369.832/SP).

Comprovação de carência econômica anterior ao óbito: É possível estabelecer a dependência mesmo quando o ex não recebia auxílio financeiro do segurado falecido (TNU, Processo 2007.38.00.73.6982-0).

Distinção entre Companheira e Concubina (STF, RE 397.762)

Concubinato: COMPANHEIRA E CONCUBINA – DISTINÇÃO. Sendo o Direito uma verdadeira ciência, impossível é confundir institutos, expressões e vocábulos, sob pena de prevalecer a babel. UNIÃO ESTÁVEL – PROTEÇÃO DO ESTADO. A proteção do Estado à união estável alcança apenas as situações legítimas e nestas não está incluído o concubinato. PENSÃO – SERVIDOR PÚBLICO – MULHER – CONCUBINA – DIREITO. (…) A titularidade da pensão decorrente do falecimento de servidor público pressupõe vínculo agasalhado pelo ordenamento jurídico, mostrando-se impróprio o implemento de divisão a beneficiar, em detrimento da família, a concubina. (STF, RE 397.762, Relator(a): Min.

MARCO AURÉLIO, Primeira Turma, julgado em 03/06/2008, DJe-172 DIVULG 11-09-2008 PUBLIC 12-09-2008)

Requerida a condição de dependente, instaurado o benefício, após a cessação da pensão por morte, não será passível de transmissão do benefício (maior de 21, morte etc.).

Tese da INEXIGIBILIDADE e DEVOLUÇÃO DAS CONTRIBUIÇÕES (RE 437.640/RS); "A contribuição previdenciária do aposentado que retorna à atividade está amparada no princípio da universalidade do custeio da Previdência Social (CF, art. 195); o art. 201, § 4°, da Constituição Federal 'remete à lei os casos em que a contribuição repercute nos benefícios'".

20. CONCLUSÃO

Em vista de todo o exposto, vislumbramos que os dependentes dos segurados são beneficiários indiretos da previdência social, vinculando-se-lhe juridicamente no momento da ocorrência da contingência social que afetaram a vida dos segurados de quem dependiam.

Analisado o rol de dependentes no Regime Geral de Previdência Social, trouxemos à baila as formas de comprovação de dependência e as questões mais extravagantes que circundam o assunto, com as conclusões mais adequadas, em nosso sentir, a cada uma delas.

O rol de dependentes para fins previdenciários é taxativo. Isto significa que são considerados dependentes apenas e tão somente os relacionados pela lei, não sendo possível entender que este rol é apenas exemplificativo podendo ser considerado outro dependente além daqueles já arrolados.

Discutimos sobre a prova da união estável, direito do menor tutelado e sob guarda, dependente designado e data da invalidez do menor para fins de concessão do benefício de pensão por morte.

No que tange os dependentes serem beneficiários indiretos, comprovando-se a dependência econômica para com a pessoa do segurado, o direito à proteção previdenciária é exercido sempre em nome próprio. Com isso a relação jurídica entre a Previdência Social e o dependente do segurado é constituída com a ocorrência da contingência social, ou seja, evento capaz de produzir a perda ou redução dos recursos necessários para a manutenção do beneficiário, mencionado como a causa da proteção previdenciária.

Através de toda a pesquisa realizada, e dos conhecimentos adquiridos, conclui-se que a existência dos benefícios dos dependentes é de extrema importância para a sociedade contemporânea, observando a estrutura de um modo geral perfeita da Previdência Social que busca sempre amparar o trabalhador e seu dependente.

21. BIBLIOGRAFIA

BALERA, Wagner. **Sistema de Seguridade Social**. São Paulo: LTR, 2000.

BOBBIO, Norberto. **Teoria do ordenamento jurídico**. Trad. de Maria Celeste C. J. Santos, 10. ed. Brasília: Editora Universidade de Brasília, 1997.

CASTRO, Carlos Alberto Pereira de et alii. **Manual de Direito Previdenciário**. 23ª edição. Forense: Rio de Janeiro. 2020.

COELHO, Sacha Calmon Navarro. **Curso de Direito Tributário Brasileiro**. 15ª Ed. São Paulo: Forense. 2016.

COIMBRA, J. R. Feijó. **Direito Previdenciário Brasileiro**. Ed. Rio. 1980.

DAIBERT, Jefferson. **Direito previdenciário e acidentário do trabalho urbano**. Rio de Janeiro: Forense, 1978.

DIAS, Eduardo Rocha; MACÊDO, José Leandro Monteiro de. **Curso de Direito Previdenciário** – São Paulo: Método, 2008.

DINIZ, Maria Helena. **Curso de direito civil brasileiro**. v. 5. 17ª edição: Saraiva. 2002.

GOMES, Orlando. **Sucessões**. 12ª Edição. Rio de Janeiro: Forense, 2004.

GONÇALVES, Carlos Roberto. **Direito Civil Brasileiro**. Vol. 6 – Direito de Família. 17ª edição. Saraiva: São Paulo. 2020.

HESSE, Konrad. **A Força Normativa da Constituição** (Trad. Gilmar Ferreira Mendes) Porto Alegre: Sérgio Fabris. 2002.

HENNOCK, E. P. **The Origin of the Welfare State in England and Germany, 1850-1914.** New York: Cambridge.

HORVATH JÚNIOR, Miguel. **Direito Previdenciário**. 10ª Ed. São Paulo: Quartier Latin. 2014.

IBRAHIM, Fábio Zambitte. **Curso de Direito Previdenciário**, 20ª edição. Niterói: Impetus. 2015.

IBRAHIM, Fábio Zambite, in **Resumo de Direito Previdenciário**, 4ª Edição – Rio de Janeiro: Impetus, 2005, página 118.

MARTINS, Sergio Pinto. **Direito da seguridade social**. 39ª ed. São Paulo: Saraiva. 2020.

MARTINEZ, Wladimir Novaes. **Curso de direito previdenciário**. Tomo I – Noções de direito previdenciário. São Paulo: LTr, 1997.

NASCIMENTO, Amauri Mascaro. **Iniciação ao Processo do Trabalho.** 6ª edição. São Paulo: Saraiva. 2016.

VELOSO, Zeno. **Código Civil Comentado.** V. XVII. Atlas: São Paulo. 2002.

https://www.tjrs.jus.br/novo/noticia/noticia-legado-7702/, acesso em 22/02/2022.

https://www.courtlistener.com/opinion/1670353/smith-v-cole/.